自分で学べる
カウンセリングノート

瀧本　孝雄　著

サイエンス社

まえがき

　最近，カウンセラーや臨床心理士になりたいと思う人や，カウンセリングを受けてみたいという人がますます増えてきている。これは，学校，会社，病院などでカウンセラーがますます必要とされてきていること，また，カウンセラーという仕事が人間を相手にし，やりがいのある仕事と考えられているからであろう。そのような中，カウンセラーや臨床心理士を志望する人のための書籍も多く出版されている。

　さて，本書は，次のような人を対象に書かれている。
1．主なカウンセリング理論について初めて学習しようとする人。
2．すでにカウンセリングを学習した人で，学習した内容についてもう一度確認したい人。
3．認定カウンセラー，産業カウンセラー，教育カウンセラー，臨床心理士などの資格を取得したい人。
4．カウンセラーや臨床心理士のコースのある大学院を受験する人。
5．現在カウンセラーとして仕事をしている人で，カウンセリングの理論をもう一度整理しなおしたい人。

　また，本書の構成は，次のようになっている。

　まずはじめに，主なカウンセリング理論である（1）クライエント中心カウンセリング，（2）精神分析（精神分析的カウンセリング），（3）行動療法（行動カウンセリング，認知行動療法）の3つの理論について述べ，次に，（4）その他の理論と技法として，①交流分析と②マイクロカウンセリングを紹介している。

　それぞれの理論について，まずそれらの理論の概要について説明し，つぎにそれらの理論でよく使われる主な用語について解説している。さらに，それぞれの理論を理解できているかどうかを確認するために，確認問題が

それぞれ用意されている．

　最後に，全体の練習問題として，(1) 基本問題，(2) 発展問題，(3) 論述問題が用意されている．基本問題は，それぞれの理論，技法について基本的理解を試すための客観テストである．発展問題は，カウンセリングに関する用語について簡単に要点を説明する問題である．さらに，論述問題は，400字前後で理論の概要を説明する問題である．

　本書の利用法としては，まず各理論の概要と用語解説をよく読んで十分に理解し，その後それぞれ右頁の解答を隠した状態で左頁の問題に解答して，出来た問題と出来なかった問題を整理する．出来なかった部分については，もう一度学習しなおせば，さらに知識が確実になると思われる．

　本書が，カウンセラーをめざす人，あるいはカウンセリングに興味や関心を持つ多くの人の役に立つことができれば幸いである．

　最後に，本書を出版するにあたって終始ご尽力をいただいたサイエンス社の清水匡太氏に対して厚く感謝する次第である．

2009年2月

瀧本　孝雄

目　次

まえがき　i

1　クライエント中心カウンセリング ……………… 1
A.　概要　2
B.　用語解説　3
ロジャーズ（3）／傾聴（5）／自己受容（6）／非指示的カウンセリング（6）／パーソン・センタード・アプローチ（7）／十分に機能する人間（8）／自己概念（9）／実現傾向（9）／自己一致（10）／過程概念（11）／無条件の肯定的尊重（12）／受容（12）／カウンセラーの3つの条件（態度）（13）／パーソナリティ変容の必要にして十分な条件（14）／共感的理解（感情移入的理解）（15）／明確化（16）／ベーシック・エンカウンター・グループ（17）／CSP（人間研究センター）（18）／ファシリテーター（18）／繰り返し（言い換え）（19）／感情の反射（20）／要約（20）／自己理論（21）
C.　確認問題（5題）　22

2　精神分析（精神分析的カウンセリング）……………33
A.　概要　34
B.　用語解説　36
フロイト（36）／性格構造論（37）／イド（エス）（38）／自我（エゴ）（38）／超自我（スーパーエゴ）（38）／性格形成論（39）／口唇期（39）／肛門期（39）／男根期（40）／潜伏期（40）／性器期（41）／コンプレックス（41）／エディプス・コンプレックス（42）／エレクトラ・コンプレックス（42）／カイン・コンプレックス（43）

／ダイアナ・コンプレックス（43）／スペクタキュラ・コンプレックス（43）／劣等コンプレックス（44）／退行コンプレックス（44）／自由連想法（44）／夢分析（44）／抵抗分析（45）／転移（45）／逆転移（対抗転移）（45）／解釈（46）／徹底操作（46）／作業同盟（46）／意識（47）／無意識（47）／前意識（47）／リビドー（48）／現実原則（48）／快楽原則（48）／去勢不安（48）／防衛機制（49）／逃避（49）／抑圧（50）／投射（投影）（51）／同一視（51）／反動形成（52）／合理化（理屈づけ）（52）／補償（53）／昇華（53）／置き換え（54）／摂取（取り入れ）（54）／否認（55）／カタルシス（浄化）（55）

　C. 確認問題（5題）　56

3　行動療法（行動カウンセリング，認知行動療法）…67
　A. 概要　68
　B. 用語解説　71

パヴロフ（71）／ウォルピ（71）／アイゼンク（71）／クルンボルツ（72）／レスポンデント条件づけ（古典的条件づけ）（72）／オペラント条件づけ（72）／系統的脱感作法（73）／脱条件づけ（73）／主張訓練法（74）／嫌悪療法（74）／強化法（75）／トークン・エコノミー法（75）／消去法（76）／思考停止法（76）／シェーピング法（77）／自己効力感（77）／モデリング法（77）／フラッディング（78）／不安階層表（78）／自律訓練法（79）／セルフ・モニタリング（79）

　C. 確認問題（5題）　80

4 その他の理論と技法
（交流分析，マイクロカウンセリング）..................91

A. 概要
1. 交流分析　92
2. マイクロカウンセリング　94

B. 用語解説
1. 交流分析　96

バーン（96）／デュセイ（96）／人生脚本（97）／やり取り分析（交流パターン分析）（98）／相補的交流（やりとり）（98）／交差的交流（やりとり）（98）／裏面的交流（やりとり）（99）／構造分析（99）／批判的な親の自我状態（CP）（99）／養育的な親の自我状態（NP）（100）／大人の自我状態（A）（100）／自由な子どもの自我状態（FC）（100）／順応した子どもの自我状態（AC）（101）／ストローク（101）／ゲーム分析（102）／ディスカウント（値引き）（102）／エゴグラム（103）／機能分析（103）／シナリオ分析（脚本分析）（104）／ラケット（104）／時間の構造化（105）／基本的構え（人生の基本的立場）（106）

2. マイクロカウンセリング　107

アイビイ（107）／質問技法（107）／感情の反映技法（108）／マイクロ技法階層表（109）／マイクロ技法評価表（109）／マイクロ技法連続表（110）／意味の反映技法（110）／開かれた質問（110）／閉ざされた質問（111）／言い換え技法（111）／積極技法（112）／基本的傾聴技法（113）／基本的かかわり技法（113）／対決技法（114）／はげまし技法（114）／技法の統合（114）

C. 確認問題（3題）　116

練習問題……………………………………………… **123**
    基本問題（5題）　　124
    発展問題（5題）　　134
    論述問題（3題）　　144

参 考 文 献　151
索　　　引　152
著 者 紹 介　156

クライエント中心カウンセリング

A. 概　　要

　クライエント中心カウンセリングは，米国のカウンセリング心理学者，臨床心理学者であるロジャーズ（Rogers, C. R.）によって提唱された。ロジャーズは，当時心理療法として中心的立場にあった精神分析，指示的カウンセリング，行動主義的心理学に反論し，自らの理論と方法をうち立てた。

　当初は非指示的カウンセリングとよばれていたが，その用語がカウンセラーの技法性や受身性を強調してしまうことから，その後ロジャーズはクライエント中心カウンセリングという名称を用いるようになった。

　ロジャーズの理論の背後にあるものは，豊かなカウンセリングの実践である。そして，この実践は既存の理論に当てはめられ，解釈されてきたものではなく，「それはうまくいくか」「それは効果的であるか」という基準でふるいにかけられ，統合されてきたものである。

　ロジャーズは，彼の理論，技法を発表するたびに，多くの批判や誤解をうけてきた。それと同時に，彼の理論に賛同する人々も次第に増えてきた。

　現在では，クライエント中心カウンセリングは，独自のパーソナリティ理論，カウンセリング理論をもつ体系的理論として確立しているだけでなく，他の多くのカウンセリング理論や人間関係論にロジャーズの基本的な考えが取り入れられており，カウンセリング心理学の世界に大きな影響を与えている。

B. 用語解説

ロジャーズ
Rogers, C. R.

　ロジャーズは1902年，1月8日に米国イリノイ州シカゴ郊外のオーク・パークに生まれた。

　1919年，ウィスコンシン大学の農学部に入学したが，その後，歴史学へ専攻を変える。1922年，大学3年生のとき，中国の北京で開催された「国際キリスト教学生連合会議」の全米代表の一人に選ばれ，参加した。

　1924年，卒業し，この年ニューヨークのユニオン神学校に入学した。同時にこの年22歳でヘレンと結婚した。

　ユニオン神学校に2年間在籍した後，1926年にコロンビア大学の大学院に入学し，教育心理学や臨床心理学を学んだ。

　1928年，ニューヨーク州ロチェスターの児童愛護協会の児童相談研究施設で児童相談の仕事を始めた。ここで，問題をかかえた子どもと親に心理療法を行うが，フロイト流の精神分析的な方法ではうまくいかないことを知る。この間，1931年コロンビア大学で学位を取得している。1938年に『問題児の治療』を出版する。

　1940年にオハイオ州立大学の臨床心理学の教授となる。ここで彼はカウンセリングの教育と研究を主として行っている。カウンセリングのプロセスをテープレコーダーに録り，逐語記録を作り，それを材料に研究と教育を行うようになった。

　ここで彼はクライエントの「ある特定の問題のみを解決するのではなく，個人が成長する」ことをカウンセリングの目標とした。

　1942年に彼は『カウンセリングと心理療法』を出版する。この本で

ロジャーズは，個人の成長，健康，適応へ向かう力，知的な面よりも感情的な面，過去よりも今，ここでの状況，成長，経験としての治療関係を強調する。

　1945年，シカゴ大学のカウンセリング・センターで実践と研究を展開し，クライエント中心という用語を用いるようになる。そして1951年に彼の主著の一つである『クライエント中心療法』を著す。ここでは，彼の心理療法や人間そのものに対する考え方が体系的に述べられ，カウンセリングにおいては，カウンセラーのクライエントに対する「純粋な態度」が重要であることを示している。

　その後，1957年には，ジェンドリン（Gendlin, E. T.）らの共同研究者とともに移り，心理学と精神医学の併任教授となる。そこで統合失調症者の治療に取り組み，その成果は1967年に『治療的関係とそのインパクト』という本にまとめられている。

　大学退職後は，1964年にカリフォルニア州にある西部行動科学研究所に移り，エンカウンター・グループの実践，研究，教育で活躍するようになる。この研究所では，普通の人々の人格の成長，発展を促進することが目的とされた。

　その後，1968年に自らが中心となって，人間研究センターを設立し，エンカウンター・グループをはじめとする活動を展開し，パーソン・センタード・アプローチ（P. C. A.）運動を開始した。彼の晩年は，人間の成長や，世界平和に貢献する社会運動家の側面を持つようになった。

　ロジャーズの理論と方法は，わが国のカウンセリング界にもっとも強い影響を与えてきている。また彼の功績は，来談者中心カウンセリングの展開だけでなく，カウンセリングの科学的な実証研究を開拓したことなど，多方面にわたっているのである。

傾聴
active listening

　ロジャーズが提案した来談者中心カウンセリングにおいて，カウンセラーがクライエントの話を聴く際の心構えで，**積極的傾聴**ともよばれている。

　「きく」という日本語には，「聞く」「訊く」「聴く」という3つの漢字がある。

　「聞く」というのは，「聞こえてくる」「ただ聞く」という意味であり，「訊く」というのは，「質問する」「尋問する」という意味あいが強い。

　それに対して，「聴く」というのは「耳を傾けて聴く」「相手の話を十分に聴く」という意味がある。つまり，相手の話を受動的にただ聞くというのではなく，「どんな気持ちで話しているのだろう」「何を言いたいのだろう」と，相手の気持ちになって，相手を理解しようとする積極的な姿勢で話を聴くことである。

　カウンセリングにおいて，カウンセラーは，クライエントの言葉に含まれているニュアンスを感じとり，その言葉の背景にある感情に関心を注ぎながら，注意深く熱心に聴くことである。

　カウンセラーがクライエントを大切にするという気持ちで傾聴することによって，カウンセラーとクライエントの間に深い積極的な関係が生まれてくる。それによって，クライエントは，自分の気持ちや考えをできるだけ率直に話すことができる。

　それは，クライエントが自己防衛的な態度を捨てて，自己の本質を表現できるようになり，それによって内面的な変化がもたらされることである。

自己受容
self acceptance

　ロジャーズのクライエント中心カウンセリングにおける重要な概念の一つである。

　自己受容は，他者からの評価や他者の基準に支配されず，受け容れがたい自己を嫌悪したり否定するのではなく，それも自己であると認識し，ありのままの自己を受け入れることである。

　自己受容は，自己変革，自己成長の前提として必要であり，そこから，より統合的，全体的な自己変革，自己成長が可能となってくる。

　自己受容によって，クライエントは自分自身を否定あるいは非難すべきものとしてではなく，価値のある人間とみなすようになっていくことができる。

　したがって，自己受容はクライエント中心カウンセリングの基本的な目標であるともいえる。

非指示的カウンセリング
non-directive counseling

　ロジャーズが1940年代に提唱したカウンセリングの理論と実践に関する用語の一つである。

　これは，従来の伝統的な心理療法で行っていた「助言」「励まし」「解釈」といったことをしない「非指示的」な方法を特色とした。

　非指示的カウンセリングでは，クライエント自身の心理的成長と自立を重視している。ロジャーズは，まず人間には本来自分の問題を自分自身で解決する能力があると考えた。そしてクライエントが自分の感情を自由に表現できるような受容的な場の中で，カウンセラーが指示をせず，クライエントの言葉や感情をそのままに受け取ることによ

って，クライエントは自分自身の力で自ら洞察することができると確信した。

　非指示的カウンセリングの具体的な技法としては，沈黙の共有，簡単な受容，繰り返し，感情の反射，明確化などがあげられる。

　非指示的カウンセリングという名称は，当時一般に知られるようになったが，この名称が技法的に指示を与えないやり方として受け取られやすく，その背景にあるカウンセリング理論から離れて，一人歩きし始めることになったため，多くの誤解と批判を受けた。

　そのため，彼は1948年からクライエント中心という用語を用いるようになり，現在では，非指示的カウンセリングという言葉はあまり使われなくなってきており，それが発展してクライエント中心カウンセリングという名称が用いられるようになった。

パーソン・センタード・アプローチ
person-centered approach

　ロジャーズの提唱したアプローチで**人間中心のアプローチ（PCA）**である。このアプローチの目的は，一人ひとりの人間の個別性，独自性を尊重しながら，積極的に対人関係を深めていくことにある。

　このPCAの考え方は，もともと「非指示的療法」「来談者中心療法」と名称を変えながら発展してきた。

　ロジャーズは1942年に「非指示的療法」を唱えた。この療法では，従来の伝統的療法が行っていた「助言」「解釈」といったことをしない「非指示的」なことを特色とした。

　ロジャーズは1948年にこの療法の名を「クライエント中心療法」に変えた。ロジャーズの基本的な考え方によれば，心理療法は「技法」より「クライエントの自己実現」を純粋に尊重する態度であるから，

「非指示的」という言葉では，技法のように見えてしまい，この言葉を固定化することに疑問を持った。

1964年，ロジャーズは個人治療からの考えを一般の対人関係の改善・促進にも応用し，関係を発展させようとして，ベーシック・エンカウンター・グループのワークショップを始めた。

最初は，クライエント中心療法を応用してワークショップを実施したが，後にパーソン・センタード・アプローチ・ワークショップとよぶようになった。それ以来，ロジャーズはカウンセリングについてもクライエント・センタードと言わずに，パーソン・センタードとよぶようになった。

晩年になって，ロジャーズは核戦争反対，世界平和の確立のための運動をパーソン・センタード・アプローチによって推し進めようとした。

十分に機能する人間
fully functioning person

カウンセリングを受けた人は，最終的にどんな人間になるのであろうか。こういった観点からロジャーズは，カウンセリング記録を丹念に分析，検討し，カウンセリングによって心理的健康に達した理想的人間像を明らかにした。これを「**十分に機能する人間**」とよんだ。

それらの特徴は，以下のようなものである。
1．すべての経験をありのままにはっきりと感じ取ることができる。
2．自己概念と経験とが一致している。
3．選択，決定，価値判断の根拠，基準が自分自身の中に基礎を置いていることに気づいている。
4．新しい状況に対して，独特の創造的な順応ができる。

5．自分が正しいと思ったことが，十分に信頼に値する指針となることに気づいている。
6．他者と調和を保って，生活を送ることができる。

　以上が，「十分に機能する人間」の特徴であるが，ロジャーズは，「十分に機能する人間」は，完成された静的な人間ではなく，発展過程にあり，絶えず変化し，さらに多くの自己実現をする過程の中にあることを強調している。

自己概念
self-concept

　自分自身のことをどのように受けとめ，どのように思っているのか，ということについての概念である。

　われわれは自分について，「私はこういう人間である」という観念やイメージをもっており，われわれの行動や思考などはそれに基づいてなされる場合が多い。

　ロジャーズは，カウンセリングにおいて，**自己概念**を重視し，自己概念とその変容の問題を彼の自己理論の中心にとりあげている。

　ロジャーズによると，不適応の状態にあるクライエントの自己概念は固く，柔軟さに欠けて，自分についての固い思い込みや観念に縛られて生活していると述べている。そこで，来談者中心療法では，クライエントの自己概念と彼の経験を一致させることをめざしている。

実現傾向
actualizing tendency

　実現傾向はロジャーズの人間観を代表する考え方の一つである。
　実現傾向とは，自分のもっている潜在的な能力や自分らしさを発揮

していこうとする傾向のことである。これは，人が生まれながらにしてもっているものであり，未熟から成熟へ，他律から自律へ，依存から独立へなど，建設的な方向へ向かおうとする傾向である。人間の行動というものは，何かに動機づけられて起こるものであるが，ロジャーズは，実現傾向を人間の唯一の動機としてとらえている。

それは，個人のあらゆる側面を維持し，実現し，高めようとするものである。この傾向は生得的で，生理的・心理的構成要素を含んでいる。

この生涯にわたって持続する過程は，人の一生においてもっとも重要な目標となる。個人には自己実現する自由，すべての可能性を発展させる自由があり，いったん自己実現の過程が進行し始めると，究極の目標に向かって前進し続けることができるとロジャーズは言っている。

自己一致
self-congruence

自己一致は，カウンセリングが成功するためのカウンセラーのとるべき態度の一つとして，ロジャーズが提示した条件の一つである。

これは，カウンセラーがカウンセリングの中で純粋でなければ，受容や共感も満足にできないことを意味している。そのため，自己一致はカウンセラーとしてのもっとも基本的な条件であるといえる。

ロジャーズは，カウンセラーがクライエントと関係をもっている際に，純粋かつ自己一致していればいるほど，クライエントのパーソナリティ変容が生じる可能性が大きいと仮定し，この要素がカウンセリングの成功に深く関与していると指摘している。

カウンセラーとクライエントとの関係において，人格的成長が促進

されるのは，まず第一にカウンセラーが「あるがままの自分」であるとき，またクライエントとの関係において純粋（誠実，偽りのない態度）であり，表面を取りつくろうことなく，そのときのカウンセラーの中に流れている感情や態度に素直であるときであるとしている。

過程概念
process conception

　カウンセリングの主な実証研究として**効果研究**がある。ロジャーズとその共同研究者たちは，カウンセリングの中でクライエントに起こる変化の過程を観察，概念化し，実証的に検討しようとした。こうした研究は**過程研究**とよばれ，またそうした研究を支える考えを**過程概念**と名づけた。そのもっとも大きな成果としては，過程尺度の開発をあげることができる。

　過程尺度は，評定尺度であり，面接中のクライエントの発言が評定対象となる。過程尺度は「より糸」を意味する**ストランズ**（strands）とよばれる7つの下位尺度からなる。それぞれのストランズが停滞と固着の状態から変易性と流動性に向かう7つの段階に区分される。停滞と固着の段階では各ストランズは別々に判別されるが，変易性と流動性が高まる段階においては別々には判別しがたく，ちょうど「より糸」のように一本の糸にまとまっていく。ロジャーズはカウンセリングにおいて，クライエントがカウンセラーから十分に受け容れられていると感じているときに，クライエントに生じる変化の過程を停滞と固着の状態から変易性と流動性へと向かうという連続線によって概念化した。

無条件の肯定的尊重
unconditional positive regard

　ロジャーズ理論における3つのカウンセラーの条件（態度）の一つである。これは，カウンセリング関係において，カウンセラーがクライエントの経験を評価せずに，暖かく，無条件に受け容れていく態度のことをいう。

　クライエントがカウンセラーに肯定的に尊重されることによって，クライエントは自分のことについて語るときに，自然に自己を見つめ，自己を客観的に眺めるようになる。それによって，クライエント自身が「自分は今，ここで人間として大切にされている」という気持ちを持ち，そのときに，はじめて人格的成長がおこる。

　positiveは積極的，好意的，regardは配慮，関心と邦訳されることもある。

受　　容
acceptance

　受容とは，「自己」「他者」「環境」などの対象に対して，評価や判断を加えることなく，ありのままに尊重しつつ，認め，受け容れることである。言い換えれば，ありのままに認め，受け容れようとする肯定的な態度，姿勢である。

　ロジャーズの来談者中心療法では，クライエントを受容することがもっとも重要とされる。

　受容は，大きく分けて2つの意味で用いられている。

　第1に，クライエントの表現に評価や判断を加えず，それをそのまま受け容れようとするカウンセラーの応答技法の意味である。これは，一般に単純受容といわれている。

第2には，応答技法というより，もっと深いレベルでのカウンセラーの受容的な態度や姿勢の意味で用いられている。これは無条件の肯定的尊重と，ほとんど同じ意味内容である。つまり，この場合には，技法ではなく，カウンセラーがクライエントに向かう態度それ自体の問題である。

カウンセラーが，クライエントを一人の人間として無条件に尊重し，肯定的な関心を示し続ける中で，クライエントはみずから自己洞察を深め，自己受容を促進していくことができるのである。

カウンセラーの3つの条件（態度）
counselor's three conditions

ロジャーズは，もしカウンセラーが次の3つの条件をクライエントとの関係の中でもつことができ，そしてクライエントがこれらの条件の存在を認知することができたときに，カウンセリング的な動きが起こってくると言っている。

1．無条件の肯定的配慮（完全な受容）

クライエントがカウンセラーに訴えてくるときには，さまざまな表現方法でわかってもらおうとする。このときには，カウンセラーはクライエントの一部の発言だけでなく，そのままの形で受け容れようとすることが大切である。

2．敏感で正確な共感的理解（感情移入的理解）

カウンセラーはクライエントの気持ちになりきり，「あたかもカウンセラーがクライエント自身であるかのように」クライエントの立場や気持ちで物事を理解することが重要である。

3．自己一致（純粋性）

カウンセラーはクライエントと向き合っているときには，自分が今

感じていることや心の中で考えていることを率直に表現し，行動，姿勢，態度が完全に一致していることが大切である。

　以上の3つの条件は，ロジャーズがカウンセラーの基本的態度としてあげたものである。

パーソナリティ変容の必要にして十分な条件
necessary and sufficient conditions of therapeutic personality change

　ロジャーズは1957年に「パーソナリティ変容の必要にして十分な条件」という論文を発表した。その中で，ロジャーズは建設的で好ましいパーソナリティ変化が起きるためには，次のような6つの条件が存在し，それがかなりの期間持続することが必要であるといっている。

1．2人の人間が心理的な接触を持っていること。これはクライエントとカウンセラーが心理的な関係を持っていることを意味している。

2．クライエントは，現実の自分とイメージの自分が一致していないので，不安を感じたり傷つきやすい状態にある。

3．カウンセラーは，クライエントとの関係において自己一致しており，自己の統合を保っていることが必要である。これは，カウンセラーがクライエントと接するとき，カウンセラー自身が純粋で誠実でなければならないことを示している（カウンセラーの真実性）。

4．カウンセラーはクライエントに対して，無条件の肯定的配慮（積極的関心）をもって受容することが必要である。

5．カウンセラーはクライエントの気持ちをできる限り正確に理解（共感的理解）し，そして理解していることをクライエントに伝えなければならない。

6．カウンセラーは感情移入的理解（共感的理解）と無条件の肯定的配慮をクライエントに伝えることが達成されること。

ロジャーズは，この6つの条件以外のいかなる条件も必要でないと主張している。

共感的理解（感情移入的理解）
empathic understanding

ロジャーズは，カウンセリングの必要条件の一つとして，**共感的理解**ということを取りあげた。

ロジャーズは，「共感状態あるいは共感的であるということは，相手の世界を，あたかも自分自身の世界であるかのように，相手の情緒的要素や意味を正確に認知し，感じることであり，しかも，この『あたかも……のように』という条件が大切である」と述べている。

それはカウンセラーがクライエントの現在変化しつつある感じや認識を積極的に理解しようとする姿勢であり，クライエントの意識を体験し，意味を感じとり，カウンセラーがクライエントにそれを伝えていくことでもある。

共感的理解は，カウンセラーがクライエントの世界を正確に理解し，感情的側面と同時に認知的な側面をも共有していることであるといえる。

なお，共感ということばの原語は，シンパシー（sympathy；同情）ではなく，エンパシー（empathy；感情移入）である。

明確化
clarification

　クライエントの話している事柄と感情が十分に表現しきれていないため，全体の意味がカウンセラーに伝わってこないときに，クライエントがまだ言語化していない部分までを感じ取って，はっきり確認することをいう。

　明確化には，事柄の意味を明確にする「**意味の明確化**」とクライエントの気持ちを明確にする「**感情の明確化**」がある。明確化によって，クライエントは自分の問題の本質をはっきり見ることができるようになる。

　来談者中心カウンセリングでは，とくに感情の明確化を重視している。

　カウンセリングでは，クライエントによって漠然とした形で感情が繰り返し表現されるが，明確な言葉にならないような場合，カウンセラーがクライエントの感情に近いと感じられることを言語化して伝える。

　このようなカウンセラーとクライエントとの間で交わされる「感情の明確化」も，そのことでクライエントがはっきりと感情表現をする場合もあれば，不十分な明確化のためにクライエントが「そうではないんです」というふうに訂正する場合もある。カウンセリングはこのような修正によって，さらに展開していくといえる。

ベーシック・エンカウンター・グループ
basic encounter group

　ロジャーズが彼の理論をもとに提唱した実践にもとづく集中的グループ体験の一形態である。

　日本では，非構成的エンカウンター・グループともよばれ，グループでの目標や活動の内容は前もって設定されておらず，参加者（メンバー）の主体性が最大限に尊重される。

　一般には，1グループに7，8名の参加者と1名ないし2名のファシリテーター（促進者）によって構成される。

　1回のグループは，少なくても2日間，長い場合には1週間の期間を使って行われる。そのため宿泊による合宿形式になることが多い。

　参加者は日常の生活から離れた場の中で，他者と集中的にかかわり，相互に受容的な雰囲気のグループの中で，自己の感情的な面をも表現し，自己理解を深め，自己の再発見や他者との出会いを体験していく。

　ベーシック・エンカウンター・グループは，本来精神的に健常な参加者を対象としたものであるので，精神的に何らかの障害をもっている者の参加には慎重に判断する必要がある。

　ベーシック・エンカウンター・グループは，人間関係の改善を目標にしているので，人間中心の教育をめざした教育の変革や国際紛争や地域・社会的紛争の解決等にも応用されてきた。

CSP（人間研究センター）
Center for Studies of the Person

　1968年，米国カリフォルニア州ラ・ホイアに，ロジャーズを中心として創られたユニークな人間研究のセンターである。ロジャーズはいくつかの大学を経た後，カリフォルニアに移り，一時期，西部行動科学研究所に属していたが，その一部の仲間とともにこのセンターを創設した。

　ここでは，指示・監督する者をとくに定めないで，スタッフ全員が皆同じように自由に機能することが原則とされた。そこでは，スタッフが，それぞれ自分の関心のある研究にもとづいたプロジェクトを進めることができた。

　このセンターからはさまざまなプロジェクトが出されているが，ラ・ホイア・プログラムは，とくに広く知られている。これは今日，多くの国で広く行われているエンカウンター・グループのもとになるプログラムである。

ファシリテーター
facilitator

　ファシリテーターという用語は，ロジャーズがベーシック・エンカウンター・グループの担当者を指して使ったものである。日本語では促進者と訳されている。

　ファシリテーターの役割は，グループでのメンバーが心おきなく本音で語り合い，豊かな出会いを促進させることである。言い換えれば，ファシリテーターは，グループのメンバー相互の信頼的な雰囲気を形成し，相互作用を活性化させ，個人の自己理解への援助をしていくことである。さらに，メンバーのグループからの脱落や心理的損傷から

の防止などの役割もとっている。ファシリテーターはグループの中でリーダーとしてではなく，一人の人間として参加し，メンバーとファシリテーター双方が，ともに成長していくことを目指している。

ファシリテーターにとっての必要条件は，感受性や表現力などの人間関係能力である。

一般に，はじめてファシリテーターを担当するときにはベテランとコンビを組み，時には交代でファシリテーターをつとめることもある。

繰り返し（言い換え）
re-statement/paraphrase

クライエントが表明し，伝達したことの内容をクライエントの言葉を使って，カウンセラーが繰り返して言うことである。これは，話された事柄の**繰り返し**によってカウンセラーはクライエントに対して共感を示すことになる。またクライエントの語った内容に沿って確認することによって，カウンセラーがクライエントを理解していることを示すことにもなる。

これによって，カウンセラーがクライエントに対して積極的に傾聴し，共感的に理解している姿勢であることを感じさせることができる。

感情の反射
reflection of feeling

　これはクライエントが表明した感情をカウンセラーがとらえて，そのままの言葉でクライエントに伝え返すことである。この場合，単に言語的な反応だけでなく，非言語的な側面での反応も手がかりにして応答しなければならない。

　クライエントの感情が表現されたとき，すかさずその言葉を返すことにより，クライエントに自己の感情を確認し，ふたたび吟味してもらうことができるわけである。

要　約
summalization

　クライエントの話の段落，あるいは面接の最後に，カウンセラーがクライエントの話の趣旨をまとめて伝え返すことである。これは，広範囲にわたる話の「事柄への応答」あるいは「意味への応答」に相当するものである。

　要約は，クライエントの中から重要なテーマを系統立てて統合することであり，クライエントが自分の考えをまとめたり，あるいは見直すのを援助し，自分のテーマをさらに深く検索するのを促進する働きをもっている。

自己理論
self theory

　ロジャーズは彼のクライエント中心カウンセリングを理論化するにあたり，**自己理論**とよばれる人格と行動についての理論を提唱した。

　自己理論では，第1に，個人のパーソナリティを外側からながめるのではなく，その個人の内側から当人が見ているままに，カウンセラーがクライエントのパーソナリティをとらえようとすることである。

　個人のパーソナリティや行動を理解するには，その人独自の内的な世界（思考や感情の枠組み）を理解する必要がある。なぜなら，人間のパーソナリティや行動を規定しているもっとも重要な要因が，この個人の内的世界であるからだ。

　第2に，ロジャーズは，人間は自己を成長させ，自己実現へと向かう力を内在している存在であるとの立場をとっている。人は絶えず成長へと向かうポジティブな方向性をもっていることを強調している。

　ロジャーズの自己理論は，彼の言う自己概念，経験，自己一致，自己不一致と密接に関連している。

C. 確認問題

問題（1—1）

次の用語の中で，ロジャーズのクライエント中心カウンセリングに関連するものはどれか。

(1) 自己受容

(2) 性格構造論

(3) 無条件の肯定的尊重

(4) 自己効力感

(5) 共感的理解

［解答欄］

解答
(1) 正解
(2) 精神分析の用語である
(3) 正解
(4) 行動療法の用語である
(5) 正解

問題（1―2）

次の文章の中で，誤っているものはどれか。

(1) クライエントのはっきりと意識化（言語化）されていないレベルの部分をカウンセラーが言葉で表現してみることを明確化という。

(2) クライエントが今ここで感じつつあり，表明しようとしている感情を，評価や偏見を加えないで，そのまま受け取り，返していこうとする応答を事柄の反射という。

(3) 各個人の人間的成長の促進のために，一定期間，合宿などによって維持されるグループのことをエンカウンター・グループという。

(4) カウンセラーがクライエントの経験を評価から離れ，暖かく無条件に受け容れる態度を肯定的受容という。

(5) ロジャーズの自己理論の中心概念の一つで，あるがままの自分を嫌悪したり否定しないで，現実の自分を素直に受け容れることを自己受容という。

[解答欄]

解答

（1）正しい
（2）誤っている……感情の反射である
（3）正しい
（4）正しい
（5）正しい

問題（1—3）

次の文章で説明している用語を下の中から選びなさい。

（1）クライエントが今ここで感じつつあり，表明しようとしている感情を評価や偏見を加えることなく，そのまま受けとり，返していこうとする応答である。　　　　　　　　　　　　　　　　［　　］

（2）来談者中心カウンセリングで使われる用語で，自己概念と経験とが一致していることをいう。　　　　　　　　　　　　　　　　　［　　］

（3）エンカウンター・グループの中でのグループの進行，促進するリーダーをいう。　　　　　　　　　　　　　　　　　　　　　　　［　　］

（4）相手の話をただ受動的に聴くというのではなく，聴き手が話し手を大切にする心構えで，積極的な姿勢で話を聴くこと。　　　　　［　　］

（5）自分自身のことをどのように受けとめ，どのように思っているかということ。　　　　　　　　　　　　　　　　　　　　　　　　［　　］

　　（A）自己概念
　　（B）傾聴
　　（C）自己一致
　　（D）感情の反射
　　（E）ファシリテーター

解答

(1) (D) 感情の反射
(2) (C) 自己一致
(3) (E) ファシリテーター
(4) (B) 傾聴
(5) (A) 自己概念

問題（1—4）

次の用語の中で，ロジャーズの自己理論に関連するものはどれか。

(1) 自己概念

(2) 自我

(3) 実現傾向

(4) 自律訓練法

(5) 自己一致

[解答欄]

解答
(1) 関連する
(2) 精神分析の用語である
(3) 関連する
(4) 行動療法の用語である
(5) 関連する

問題（1—5）

> 次の用語について，それぞれ200字前後で説明しなさい。

(1) 傾聴

(2) 実現傾向

(3) 過程概念

解答

（1）来談者中心カウンセリングにおいて，カウンセラーがクライエントの話を聴く際の心構えで，積極的傾聴ともよばれている。傾聴の「聴く」というのは「耳を傾けて聴く」「相手の話を十分に聴く」という意味がある。つまり，相手の話を受動的にただ聞くというのではなく，「どんな気持ちで話しているのだろう」「何を言いたいのだろう」と，相手の気持ちになって，相手を理解しようとする積極的な姿勢で話を聴くことである。

（2）実現傾向とは，自分の持っている潜在的な能力や自分らしさを発揮していこうとする傾向のことである。これは，人が生まれながらにして持っているものであり，未熟から成熟へ，他律から自律へ，依存から独立へなど，建設的な方向へ向かおうとする傾向である。人間の行動は，何かに動機づけられて起こるものであるが，ロジャーズは，実現傾向を人間の唯一の動機としてとらえている。

（3）カウンセリングの主な実証研究として効果研究があるが，ロジャーズとその研究者たちは，カウンセリングの中でクライエントに起こる変化の過程を観察，概念化し，実証的に検討しようとした。こうした研究は過程研究とよばれ，またそうした研究を支える考えを過程概念と名づけた。そのもっとも大きな成果としては，過程尺度の開発をあげることができる。過程尺度は評定尺度であり，面接中のクライエントの発言が評定の対象となる。

2 精神分析（精神分析的カウンセリング）

A. 概　要

　精神分析は，フロイト（Freud, S.）によって創始された心理療法の技法および人格理論である。

　精神分析は，技法的には自由連想を基本にして，分析，解釈という方法によって神経症を治療していく心理学的な手法である。理論的には，無意識の心理的葛藤を通して，人間の心理的な生活全般について理解を深める心理学的理論である。

　1920年頃までは，フロイトの精神分析は無意識に存在する衝動を明確化することにあった。その後，フロイトは心理的な世界を自我，超自我，イド（エス）の3つの構造としてとらえる考えに至った。これによって，防衛機制の考えが生まれ，精神病理や症状の形成について理解が深まった。

　精神分析の理論は，神経症の治療から発生したので，当初は神経症の治療に用いられたが，今日では神経症患者のみならず，人格障害，境界例，躁うつ病，統合失調症などにも，幅広く適用されるようになった。

　精神分析療法の最終的な目標は，分析者（治療者）・患者の人格的ふれあいを通じて，治療者の助けを借りながら，患者が自分自身の無意識的な葛藤を洞察し，本来の自己を回復することにある。

　精神分析療法は主に神経症患者を対象とした治療法であるが，精神分析的カウンセリングは健常者も対象としたものである。

　たとえば，親子関係，恋愛，結婚，人生観，進路，人間関係などの問題をかかえた人々のために，精神分析療法の原理（無意識の意識化）を活用してカウンセリングが行われる。

　精神分析的カウンセリングが精神分析療法と異なる点は，
1．自由連想法を用いず，対面法である。

2．面接は必ずしも定期的でなく，随意面接もある。
3．夢分析をするほど深層にふれる場合は少ない。
4．心理的な治療よりも問題解決に焦点を合わせることが多い。

　精神分析的カウンセリングでは，意識することが人間にとって重要であると考えている。したがって，性格や行動を変えるためには，今まで何気なしにしてきたことを意識にのぼらせることが必要となってくる。無意識の意識化には行動のパターン，行動の意味，行動の原因を気づかせるという意味がある。

　精神分析的カウンセリングでは，結局，クライエントの一つひとつの行動の背後に潜む無意識的感情を明らかにしようとするところに特徴がある。

B. 用語解説

フロイト
Freud, S.

　フロイトはユダヤ人で，1856年に現在のチェコのフライベルクに生まれた。3歳のとき，家族は一時ドイツのライプツィヒに住むようになり，4歳のときにオーストリアのウィーンに移住した。

　1873年，17歳でウィーン大学医学部に入学し，20歳のとき，生理学研究室に入って，神経系の発生に関する組織学的研究に従事することになった。1882年，26歳のとき，研究を続けるかたわら，研究医としてウィーン総合病院の神経科に勤務することになった。その後，医師として開業するに先立って，良い指導者を求めてパリに赴き，シャルコーのもとで，さらに研鑽を積んだ。フロイトはそこでシャルコーからヒステリーを催眠暗示下で治す方法について学んだ。

　パリからウィーンにもどったフロイトは開業し，それ以後は臨床家としての実践と独創的な構想を次々に発表し，「精神分析」の創始者として活躍した（フロイトが最初に精神分析という言葉を用いたのは1896年である）。

　1938年，82歳のとき，フロイトはユダヤ人であるため，ナチス・ドイツに追われ，パリを経て，ロンドンに亡命した。そして，翌1939年，83歳のとき上顎ガンで亡くなった。

　現在でも，フロイトが永年開業していたウィーンのフロイト・ハウスは保存され一般にも公開されている。

　フロイトには，2つの重要な業績がある。第1は，失語症や子どもの脳性麻痺の研究を行った臨床神経学者としての業績である。第2は，神経症の治療と研究を通して精神分析を創始したことである。と

くに精神分析の発見は，今日の心理療法やカウンセリングの理論や技法の重要な基盤となっている。

フロイトは精神分析の基本をなすものとして，小児期体験の重視，小児性愛論，抑圧についての考え方，無意識の重視などをあげている。

フロイトの理論には絶えず変化と発展があるが，主な理論として，性格形成論（リビドー発達論），防衛機制論，性格構造論，コンプレックス論などがある。

フロイトは，主に20世紀前半に活躍し，彼の思想は心理学，精神医学はもとより，現代思想，哲学，文学，芸術など広い範囲に影響を及ぼしている。

性格構造論
personality structural theory

フロイトの**性格構造論**では，性格の構造として，**イド（エス）**，**自我（エゴ）**，**超自我（スーパーエゴ）**の3つの領域を考えている。この3つの領域は，それぞれ独自の機能，特性，内容をもっている。

フロイトは人間の心を1つの心的装置と考え，その心的装置の3つの領域の機能が力動的に関連し合いながら，人間の心を構成し，人間の具体的な行動が決定されると考えた。

イドが強いと衝動的，感情的な行動が生じやすく，自我が強ければ，現実的，合理的な行動が生じやすい。また超自我が強いと，道徳的，良心的行動が生じやすくなる。しかし，超自我があまり強いと，絶えず自分の行動を点検しなければ気が済まない強迫神経症的状態になったり，また非現実的な自己批判によって，うつ的状態に陥りやすくなる。

フロイトによれば，精神の健康な状態というのは，自我が精神の主体となり，イドの衝動を超自我や現実の要請に応じながら満足させて

いる状態である。したがって，自我を強化するとともに，柔軟性を身につけることが非常に重要な課題となる。

つまり，イド，自我，超自我の3つの調和が保たれ，バランスがとれているならば，環境への欲求を適度に満足させることができ，そのバランスがくずれると不適応な状態になる。

イド（エス）
id (es)

フロイトは人がもって生まれた本能をはじめ，すべての心理的エネルギーの源を**イド（エス）**と名づけた。それは無意識的，原始的で，また行動の源としての本能的衝動で，そこには生の本能（**エロス**）と死の体験（**タナトス**）があると考えた。

自我（エゴ）
ego

人格の中の意識的，知性的側面で，現実に適応する機能である。たとえば，イドの衝動をそのまま行動に移すと生命の危険や社会的な非難などが起こる。そこで，社会の中で現実に適応していくために，衝動的なイドにストップをかける必要があり，**自我（エゴ）**はその役割を果たしている。

超自我（スーパーエゴ）
super ego

道徳性や良心であって，イドの本能的衝動を抑え，自我に現実的な目標よりさらに高い理想を目指すように要求している。

性格形成論
theory of personality formation

フロイトの**性格形成論**はいわば発達段階理論で，各段階での身体部位によって得られる快感をどのように受けとるかが，性格の中心的な元型を形成する重要な条件であるとしている。身体部位とは身体の内部と外部を結ぶ粘膜質の部分である。そして，このような身体部位での快感，不快感が人間の性格や人間関係の形成に大きな役割を持っているとするところに，フロイトの考え方の特徴がみられる。

各段階は，年齢に応じて**口唇期**，**肛門期**，**男根期**，**潜伏期**，**性器期**とよばれる。

口唇期
oral stage

生後1歳半ぐらいまでの乳児期にあたり，この時期では乳を吸う活動を通して，口唇粘膜の快感を楽しむ。乳児が母親にまったく依存しているため，母親が子どもとどのような関係をつくるか，つまり母子関係のあり方によって，性格の基礎となる安心感や信頼感の有無が決定される。母親に対する信頼感は，人間一般に対する信頼感の基礎ともなる。

肛門期
anal stage

1歳半頃から3～4歳ぐらいまでで，口唇期の後半として重複する。肛門や尿道の括約筋が完成し，排泄のしつけがなされる時期である。身体の内部から外部へ出すことにともなう快感を味わう。排泄に対するしつけと，親がどのような態度でそれを行うかが重要となる時

期である。排泄訓練に手間どると，几帳面，ケチ，頑固といった特徴が多くあらわれる。また，しつけが早すぎたり，厳しすぎたりすると，我の強い，意地っ張りで拒否的な性格が形成される。排泄のしつけが適切であれば，自分で自分をコントロールできる安定した性格が形成されるとフロイトは言っている。

男根期
phallic stage

　3〜4歳頃から6〜7歳ぐらいまでで，4〜5歳頃（エディプス期）には異性の親に対する性愛的愛着，同性の親に対するライバル意識や嫉妬を抱く（エディプス・コンプレックス）。後半になると，子どもは親をライバル視するのをやめ，モデルとするようになる（同一視）。子どもは親への同一視によって，男の子は男らしさを，女の子は女らしさを形成する。またこの時期では，子どもは親の持つ道徳心や良心を身につける。

潜伏期
latency stage

　6〜7歳頃から11〜12歳頃の児童期にあたり，関心が勉強や遊びに向き，人間関係は家族以外の友人関係に拡張する。友人関係は同性中心で，それを通して男らしさ，女らしさが強化される。また，性的衝動が一時潜伏する時期である。

性器期
genital stage

　11〜12歳頃以降で，思春期から成人期にあたる。この時期は身体的成熟が急激に進み，他者を強く意識し，他者との比較によって自己を評価し，それによって自己を強く意識するようになる。また，理想的自己と現実的自己とのギャップを意識しながら，主体的に自己を形成する。この時期の前半においては同性の友人，後半においては異性との間に相互的で密接な関係を築くことが重要な課題となる。

コンプレックス
complex

　コンプレックスは日本語では**観念複合体**あるいは**心的複合体**と訳されているが，一般的には，そのままコンプレックスとよばれることが多い。日常的には，「彼はコンプレックスが強い」といった表現のように，個人の性格特徴を表現するために用いられ，特別な心理的わだかまり，あるいは心のしこりのことをいっている。つまり，一定の感情を核にした無意識の観念の集合体のことを意味している。

　日本では一般に，コンプレックスという言葉が「劣等感」に近い意味で使われているが，これは誤りである。

　コンプレックスは苦痛，恐怖感，羞恥心など，意識には受け容れ難い感情や観念であるため，自我によって抑圧されて無意識内にとどめられている。またその意識化は嫌悪感，無力感，罪悪感などを伴うためにかなり難しい。

　コンプレックスは誰でも持っているが，それに気づかない場合が多い。自分のコンプレックスに気づけば，それを意識して行動するので，衝動的にコンプレックスに動かされないで済むようになる。

コンプレックスには，主に以下に挙げる7つがある。

エディプス・コンプレックス
Edipus complex

フロイトのいうエディプス期（4〜5歳頃）の男の子が，無意識のうちに母親に対して異性としての愛着を持ち，父親に対しては，攻撃すべき同性として敵意を持つようになり，この敵意への罰としての不安を持つようになる。また，このときの罰の不安に関連して，父親から去勢される不安を中心として去勢コンプレックスが形成される。

この言葉は，ギリシャ悲劇の『エディプス王』から命名された。この物語は，エディプス王が自分の両親と知らずに，父である王を殺し，母と結婚したという物語である。

エレクトラ・コンプレックス
Electra complex

幼児期に女の子が無意識のうちに，父親に対して異性としての愛着を持ち，母親に対して同性としての敵意を持つことをいう。この言葉は，ギリシャ悲劇の『エレクトラ』から命名された。この物語は，エレクトラ女王が父である王を殺した自分の母に復讐するというものである。

カイン・コンプレックス
Cain complex

　きょうだい間の葛藤を中核としたコンプレックスで、きょうだい間での競争心や嫉妬心のことを言う。これは旧約聖書のカインとアベル兄弟の物語から名をとって、**カインコンプレックス**と言われている。

ダイアナ・コンプレックス
Diana complex

　男装して馬にまたがり狩をする女神ダイアナにちなんで、女性の中にある男性になりたいという願望から生じる心の葛藤を言う。それは女性が男性に負けたくない心理、男性のようになりたい心理のように、自分が女性であることを許容できないコンプレックスである。

スペクタキュラ・コンプレックス
spectacular complex

　女性の体を見たい男性の心理、男性に自分の体を見せたい、見てもらいたいという女性の心理に関するコンプレックスである。スペクタキュラとは「見世物の」という意味で、男女が見世物であるということで、この用語が成立した。男性が女性の裸を見たいのは愛したいからであり、女性が男性に裸を見せたいのは愛されたいからであると解釈されている。

劣等コンプレックス
inferiority complex

　自分を他人と比較し，自分の弱点，無力を意識したとき，「ひけめ」を感じるコンプレックスである。一般には，劣等感といわれることが多い。

退行コンプレックス
regression complex

　現実のある発達段階から，より早期の未熟な段階に後もどりすることによって不安を解消し，欲求の満足を得ようとするコンプレックスである。

自由連想法
free association method

　自由連想法は，クライエントが何でも頭に浮かぶことを選択せずに，ありのままに治療者に話し，治療者は連想が進むように非指示的に援助する方法である。

夢分析
dream analysis

　クライエントが夢をできるだけ詳しく思い出し，夢を構成するいろいろな要素について自由連想する方法である。

　分析の方法には，「抵抗分析」と「転移分析」があり，それらの分析をもとに治療者が解釈する。

抵抗分析
resistance analysis

　クライエントは，抑圧された無意識的欲求を意識化する過程で何らかの抵抗を示す。たとえば，黙る，拒絶する，ある話題を故意に避ける，面接をキャンセルするなどさまざまな形をとる。この抵抗の原因を分析し，抑圧や防衛機制のあり方を明らかにするのが**抵抗分析**である。

転　　移
transference

　クライエントはしばしば治療者に対し，個人的な感情を向けてくる。この感情を転移感情という。**転移**は一般に，クライエントの父親または母親に対する未解決のまま持ち越されてきた感情や欲求を表すことが多い。クライエントは，無意識に感情の対象を治療者へと置き換える。これを分析することによって，クライエントの幼児期の親子関係を明らかにする手がかりを得ることができるのである。

逆転移（対抗転移）
counter transference

　逆転移（対抗転移）は，1910年にフロイトによって初めて精神療法に導入された概念で，転移と同様に重要な役割を果たしている。フロイトは被分析者が分析者に対して向ける特殊な感情や態度を転移とよび，これとは逆方向に，分析者自身の無意識的な合理的でない感情，思考，態度が被分析者に繰り返し向けられる現象を逆転移（対抗転移）とよんだ。

解　釈
interpretation

　治療者は，抵抗や転移の分析から，クライエントの不合理な抑圧や防衛機制，症状の意味を明確にし，クライエントに説明する。これが**解釈**である。

徹 底 操 作
working through

　治療者の解釈をクライエントが受け容れ，意識化（洞察）することによって症状は消えていく。このような解釈や洞察を何回も繰り返す過程を「**徹底操作**」とよんでいる。

作 業 同 盟
working alliance

　精神分析療法では，治療者とクライエントの双方の合意にもとづく治療契約が交わされて，その上で治療が開始される。治療は治療者とクライエントが協力しながら展開していくことが必要である。この関係を「**作業同盟**」あるいは「**治療同盟**」とよんでいる。

意識
conscious

　外界で生じていることや，心の中で起きていることなど，何かに気づいている状態を示す言葉である。

　精神分析においては，無意識や前意識と区別される一定の構造と機能をもった心の力動的体系をさす。

　意識には，一種の感覚器官としての役割があり，外界からの刺激を知覚するとともに，心の中で生じている事象も知覚する働きがある。また，外界に関する知覚（客観的事象）と内界に関する知覚（主観的事象）を区別する一種の現実検討機能がある。

無意識
unconscious

　意識作用に影響を与えているにもかかわらず，いくらそれをとらえようと努力しても，それが意識の表面に現れてこない状態をいう。催眠や精神分析といった技法は，それを意識化させたものである。

　フロイトは，夢の分析の中で，無意識の中に抑圧された願望が睡眠の中に現れたものである夢こそが無意識に至る，もっとも大きな産物であるといっている。

前意識
preconscious

　意識と無意識の間に存在し，いつも思い浮かべたり口に出して表現したりはしないが，必要に応じていつでも意識化できる心の領域をいう。

リビドー
libido

フロイトは人間のあらゆる営みの原動力と本能衝動を性本能に求めた。この性本能をフロイトは**リビドー**とよんだ。

現実原則
reality principle

快楽原則と対になる概念で、欲求の即時的な満足を求めることを断念し、現実の条件に従って、満足を延期したり、直接的な満足を断念したり、回り道ではあるが満足に到達する手段を探したりすることによって、現実に適応した形で欲求を満たしていくことをいう。

快楽原則
pleasure principle

人は快く楽しいものを求め、反対に不快なもの、苦しいものを避ける傾向がある。これをフロイトは快楽原則といった。快・不快原則ともよばれる。

去勢不安
castration anxiety

精神分析の基本概念の一つで、ペニスを切り取られるという空想からくる不安のことをいう。

フロイトのいう男根期では異性の親に対して性愛的な感情を抱き、同性の親に反発や競争心を持つが、その罰として去勢されるのではないかと恐れる。

防衛機制
defence mechanism

　人は欲求不満や葛藤による破局を予感すると不安になる。そのような状態を前もって避け，自己を防衛しようとする反応を示すことがある。

　それは無意識的な過程であり，フロイトによって**防衛機制**として明らかにされた。

　この防衛機制は，人が環境に対してどう反応するか，その反応の仕方をパーソナリティとみなすとらえ方である。

　私たちの日常生活の中には，さまざまな防衛機制が見出されるが，具体的には次に解説するような逃避，抑圧，投射（投影），同一視，反動形成，合理化（理屈づけ），補償，昇華，置き換え，摂取（取り入れ），否認などがある。

逃　　避
escape

　不安を感じさせる場面から消極的に逃れようとする防衛機制で，これには退避，現実への逃避，空想への逃避，病気への逃避の4つの形態がある。

　退避は，自己の評価の低下が予想される場面を回避することである。これが習慣化すると，多くの現実から自分を隔離する自閉に発展することもある。

　現実への逃避は，適応の困難な事態に直面するのを避けて，それとは直接的に関係のない別の行動をはじめ，それに没頭することによって不安を解消しようとするものである。趣味や娯楽に熱中して気をまぎらすのはその一例である。

空想への逃避は，現実の困難な状況から自由な空想世界へ逃げて，そこで現実に満たされない自己実現を夢見ることで，代償的満足を得ることである。空想への逃避が極端になったものが白昼夢である。

病気への逃避は，病気を理由に困難な事態から逃れようとするものである。これは意識的な仮病と違って無意識に生じるもので，ヒステリー性の身体症状はその典型的な例である。

抑　圧
suppression

　外からの非難，嘲笑，拒否など不快な出来事を無意識の世界に押し込んで意識の世界から忘れさせる心の働きを**抑圧**という。

　これは破局を招くおそれのある危険な欲求を意識にのぼらせないようにする仕組みで，ほかの防衛機制の基本になっているものである。それは，現在直面している問題を意識面から排除しようとするだけであるので，完全な緊張解消とはならず，しこりが残りやすい。抑圧は防衛機制の中でもっとも重要であり，しかももっとも多く用いられているものである。

　フロイトによれば，性の願望や攻撃的傾向は社会的に禁忌にふれることが多いために，抑圧されて無意識化し，その存在に本人が気づかない面も多く持つという。

　この抑圧を通じて発展する防衛機制には，後に述べる置き換え，摂取，投射，反動形成などがある。

投射（投影）
projection

　自分のほうに持っている社会的に望ましくない感情を相手のほうが持っていることにして，責任を転嫁する防衛機制である。たとえば，われわれが不安を感じたときに，この不安を減少させるために，不安の原因を自分の内部ではなく，自分の外部の人や何かのせいにすることである。

　「私はあの人が嫌いだ」と思えば，自分の良心に責められるため，「あの人が私を嫌っている」と相手のせいにするというものである。被害妄想は投射のもっとも進んだ形であるといえる。

　投射を利用した心理検査は投影法とよばれるが，それらにはロールシャッハ・テスト，TAT（絵画統覚検査），SCT（文章完成法検査），描画法などがある。

同一視
identification

　ある対象の考え方や感情，行動などを無意識的に取り入れ，その対象と同じような傾向を示すようになる心理的過程である。

　これは権威のある個人や集団と自分とを**同一視**して，自己の評価を高めようとする防衛機制である。たとえば，テレビの主人公などの服装や言動を表面的にまねて偉ぶったり，出身校などを自慢したりするのがその例である。

反動形成
reaction formation

　反動形成は，抑圧が十分でなく，自分の欲求にある程度気づいて，それが表面化することで，自己の評価が低下することを恐れ，そのため，まったく正反対の態度や行動をとる防衛機制である。

　つまり，破壊を建設に，受動を能動に，残酷を優しさに，頑固を従順に置き換えることにより，自我に不安を抱かせるような内容を無意識の中に押し込める機制であるといえる。

　たとえば，無関心を装いながらその背後に強い関心があったり，大げさな同情のかげにあざけりが隠されていたり，劣等感のある人ほどいばったりするという例がこれにあたる。

　一般的に，反動形成による感情や態度は大げさで不自然であり，必要以上に過剰なのが特徴である。

合理化（理屈づけ）
rationalization

　合理化は**理屈づけ**，**理由づけ**ともいわれ，ジョーンズ（Jones, F.）の『日常生活における合理化』（1908）の中で用いられてから，精神分析学で一般化されるようになった。

　これは自分の欠点や失敗を認めるのがいやなので，何かもっともらしい理屈をつけて，自己を正当化しようとする防衛機制である。「すっぱいブドウ」と「甘いレモン」の話がこの例となる。

　「すっぱいブドウ」は，努力しても入手できない目標の価値を低めることによって，緊張の解消をはかる自己弁護であり，「甘いレモン」は，自分が所持しているものの価値を過大評価する機制である。「あばたもえくぼ」もこの例に入る。

補償
compensation

　アドラー（Adler, A.）による概念で，ある分野での劣等感による緊張を解消するために，他の分野で優越感を求める防衛機制である。

　たとえば，学業面でのひけ目をスポーツ面や所持品の優越性などで補おうとする。吃音を克服して大雄弁家になったギリシャのデモステネスのように，自分の弱点を矯正するために，特別の努力をすることを過補償という。

　また，ユング（Jung, C. G.）は，意識と無意識は補償作用によってバランスを保っており，意識があまりにも一面的になると，それを無意識が補うような働きをすると説明している。

昇華
sublimation

　抑圧された欲求や衝動が社会的，文化的に承認される価値のある好ましい活動となって，発現する防衛機制である。

　攻撃的傾向や性的欲求による緊張が，学問や芸術，スポーツなどで代償的に解消されるのがその一例である。

置き換え
displacement

　外界のある対象に向けられた無意識的な欲求や衝動を他の対象に向けかえることによって，はじめの対象からの攻撃を防いだり，不安，罪悪感，欲求不満などを解消しようとする防衛機制である。すでに述べた昇華も**置き換え**の一つである。

　異性に対して恐怖感を持っている者が，異性の持ち物に愛着を示す（フェティシズム）のも置き換えの一例である。また，多くの神経症の症状は，抑圧された欲求の目標行動が置き換えられた形で行われる代理行動であるとされている。

摂取（取り入れ）
introjection

　摂取は，**取り入れ**，**取り込み**とも言われ，すでに述べた同一視のもとになる心理過程で，外界の対象やその対象の持っている特徴を無意識的に自分の中に取り入れる防衛機制である。

　周囲からの保護を失ったり，拒否，処罰，孤立化されるのをふせぐために，周囲の期待に沿う行動をすることで不安を解消する。たとえば，同調や模倣，流行を追ったりという行動が，この例である。この中で，特定の人の考えや規範をそのまま取り入れるときに同一視といっている。

否認
denial

　フロイトによって考えられた概念で，個人が知覚してはいるけれども，それを自分で認めてしまうと不安になるようなことに対して，それを現実として認めることを無意識のうちに拒否することをいう。
　たとえば，自動車の運転中交通死亡事故の現場のそばを通りかかり，一瞬ショックを受けても自分には関係ないと決め，パニック状態にならずに運転をし続けるのがその例である。

カタルシス（浄化）
catharsis

　無意識下に抑圧されていた，過去の苦痛体験を言語や行動等を通して自由に表現することにより，心の緊張やうっ積を開放すること。

C. 確認問題

問題（2—1）

次の用語の中で，精神分析に関連するものはどれか。

（1）現実原則

（2）共感的理解

（3）潜伏期

（4）不安階層表

（5）エレクトラ・コンプレックス

[解答欄]

解答

(1) 正解
(2) クライエント中心カウンセリングの用語である
(3) 正解
(4) 行動療法の用語である
(5) 正解

問題（2—2）

次の文章の中で，誤っているものはどれか。

（1）クライエントのはっきりと言語化されていない無意識の部分をカウンセラーが言葉で表現することを潜在分析という。

（2）精神分析療法で用いられている用語で，治療者が患者に抱く感情や態度を感情転移という。

（3）快楽原則とは，フロイトが言ったことばで，人間は楽しいものを求め，反対に不快なもの，苦しいものを避ける傾向があるということである。

（4）エスは無意識的な心的エネルギーの源泉であり，本能エネルギーの貯蔵庫である。イドともいわれている。

（5）補償は劣等感を克服して，自らの弱点を補い，何か他の面で頑張ることで，防衛機制の一つである。

[解答欄]

解答

(1) 誤っている……明確化という
(2) 誤っている……逆転移という
(3) 正しい
(4) 正しい
(5) 正しい

問題（2—3）

次の文章で説明している用語を下の中から選びなさい。

（1）外界のある対象に向けられた無意識的な欲求や衝動を他の対象に向け換えることにより，はじめの対象からの攻撃を防いだり，不安，罪悪感，欲求不満などを解決しようとする防衛機制である。　［　　］

（2）精神分析理論で用いられる用語で，良心的働きをする心の機能をいい，衝動を抑える，いわば心の自動ブレーキである。　［　　］

（3）フロイトの用いた性的エネルギーの概念で，快楽，欲求，感覚的快感追求などの意味を持つ。　［　　］

（4）意識と無意識の中間に存在し，いつも思い浮かべたり，口に出して表現したりはしないが，必要に応じていつでも意識化できる心の領域である。　［　　］

（5）防衛機制の一つで，外界やその対象の持っている特徴を無意識的に自分の中に取り入れること。　［　　］

（A）リビドー
（B）前意識
（C）摂取
（D）置き換え
（E）超自我（スーパーエゴ）

解答

（1）（D）置き換え
（2）（E）超自我（スーパーエゴ）
（3）（A）リビドー
（4）（B）前意識
（5）（C）摂取

問題（2—4）

次の中で，フロイトに関連するものはどれか。

(1) 自我（エゴ）

(2) 自由連想法

(3) 構造分析

(4) フラッディング

(5) 転移

[解答欄]

解答

（1）正解
（2）正解
（3）交流分析の用語である
（4）行動療法の用語である
（5）正解

2　精神分析（精神分析的カウンセリング）

問題（2—5）

次の用語について，それぞれ200字前後で説明しなさい。

(1) 合理化

(2) エディプス・コンプレックス

(3) 自我（エゴ）

C. 確認問題

解答

（1）これは自分の欠点や失敗を認めるのがいやなので，何かもっともらしい理屈をつけて，自己を正当化しようとする防衛機制である。「すっぱいブドウ」と「甘いレモン」の話がこの例となる。「すっぱいブドウ」は，努力しても入手できない目標の価値を低めることによって，緊張の解消をはかる自己弁護であり，「甘いレモン」は，自分が所持しているものの価値を過大評価する機制である。「あばたもえくぼ」もこの例に入る。

（2）フロイトのいうエディプス期（4～5歳頃）の男の子が，無意識のうちに母親に対して異性としての愛着を持ち，父親に対しては，攻撃すべき同性として敵意を持つようになり，この敵意への罰としての不安を持つようになる。また，このときの罰の不安に関連して，父親から去勢される不安を中心として去勢コンプレックスが形成される。

（3）人格の中の意識的，知性的側面で，現実に適応する機能である。たとえば，イドの衝動をそのまま行動に移すと生命の危険や社会的な非難などが起こる。そこで，社会の中で現実に適応していくために，衝動的なイドにストップをかける必要があり，自我はその役割をはたしている。

行動療法（行動カウンセリング，認知行動療法）

3 行動療法（行動カウンセリング，認知行動療法）

A. 概　　要

　行動療法は，人間の行動が後天的な学習によって獲得されるという学習理論を基礎としたものである。つまり行動療法では，人間の行動が条件づけによって形成されると考えている。そこで，問題行動も，条件づけの結果形成されたものと見なされる。そのために，クライエントに対してふたたび条件づけを行う（再条件づけ）ことによって行動の変容をはかる。

　行動療法では，まずクライエントの問題を客観的かつ明確にとらえる。これは主として，受理面接（インテーク面接）を通して，クライエントの問題を具体的にとらえる。そのため，行動療法は，問題中心のカウンセリングであるといえる。

　問題が明確になった後に，カウンセリングの目標を設定する。カウンセリングの目標設定については，カウンセラーはクライエントとよく話し合いをする必要がある。この目標は，クライエントとカウンセラーが同意できるものでなくてはならない。

　目標設定に続いて，現在の問題とカウンセリングの目標との間に小段階の目標を設定するのが一般的である。つまり，カウンセリングの開始から終結までの途中の段階でのカウンセリングの目標である。

　行動療法は，一般には，段階を追って進んでいく方法，つまり一種のプログラム学習による方法であるといえる。

　行動療法は，他の心理療法に比べて問題解決志向が強い。たとえば，人とうまく話ができないクライエントに対しては，「話し合える行動」を身につけさせることで問題の解決をはかる。そのため，クライエントが対人関係で人とうまく話し合えるようになればよく，クライエントのパーソナリティそのものを変える必要はないのであ

る。

　行動療法の基礎をなす学習理論の中には，レスポンデント条件づけ，オペラント条件づけ，認知理論などがあり，それぞれについて，いくつかの技法が開発されている。

　レスポンデント条件づけを応用した技法には，系統的脱感作法，主張訓練法，嫌悪療法などがある。また，オペラント条件づけを応用した技法としては，強化法，トークン・エコノミー法，消去法，思考停止法，シェーピング法などがある。さらに，認知理論にもとづいた技法としてモデリング法がある。

　行動カウンセリングは，行動療法より数年後に成立した。行動カウンセリングが行動療法の後から成立したということは，行動療法だけでは対応できない問題があったためであり，行動療法の発想を修正し，また応用したところに，行動カウンセリングの意義が認められている。

　行動カウンセリングは，主として正常者のレスポンデント行動（不安など）やオペラント行動（引っ込み思案など）を扱う。

　これに対して，行動療法では，正常者の他に神経症的なレスポンデント行動や異常なオペラント行動を対象とする。

　使用する技法についても，行動カウンセリングでは，言語的方法，面接法が主なものである。それに対して，行動療法においては，これらの他に，非言語的方法，医療機器等の利用，投薬などの諸種の医学的方法も適用される。

　認知行動療法では，悩みの原因を不健康な認知，誤った認知，歪んだ認知からくるものであると考えている。具体的には，「しなければならない」「してはならない」「するべきである」といった認知の仕方である。

　認知行動療法では，このような間違ったものの見方を修正し，変

更することによって問題を解決しようとするものである。

　そのために，健康的な認知，正しい認知，現実的な認知の仕方を学習する。具体的には，「したほうがよい」「しないほうがよい」「するにこしたことはない」といった認知の仕方への修正，変更である。

　人はいろいろな事柄に対して，自分なりの一定の見方を持っている。認知行動療法は一般に認知あるいは認識の様式を変えることで，その人の悩みや問題を解決しようとする方法である。行動療法が行動を問題にして扱うのに対して，認知行動療法は考えや物事の受け取り方（認知）が行動に及ぼす影響を扱う。

　認知行動療法は，行動療法の不十分な面を補うものとして，またクライエントの行動のみならず，認知も治療の対象として考えることによって，従来の行動療法との統合を目指す方法として誕生した。

　認知行動療法の目標は，歪んだ認知を消去や修正によって変え，欠落している学習は新しい認知学習で習得し，思考・行動・感情等を改善することである。そして最終的には，クライエントの自己コントロールを可能にすることである。

　認知行動療法の技法で，クライエントの信念や価値観などの認知反応スタイルに着目し，否定的自動思考を発見し修正していく。具体的にはモデリング法や社会的スキル訓練法，自己コントロール法などを用いる。

B. 用語解説

パヴロフ
Pavlov, I. P.

ロシアの生理学者で，消化生理の研究の一環としてイヌの唾液腺の分泌を観察している際に発見された**条件反射**の研究で有名である。彼は食物を運ぶ靴の音からもイヌが唾液を出すことを見出し，これをメトロノームで確かめ，条件反射学の基礎をつくった研究者である。

ウォルピ
Wolpe, J.

現在，行動療法の中でもっとも普及している「**系統的脱感作法**」の創始者として有名である。彼は当初，神経症を治療するのに，精神分析学的方法を用いていた。ところが，パヴロフやハルの条件反射理論に接することにより，ネコを用いた神経症の形成実験から，神経症が学習によるものであると結論づけた。

アイゼンク
Eysenck, H. J.

イギリスの心理学者で，精神分析学による伝統的なパーソナリティ研究の方法論を批判し，科学的方法による研究の必要性を主張した。彼はパーソナリティを遺伝と環境から決定される行動パターンと考え，因子分析法を用いて主要次元を見出した。それらの次元は「内向性―外向性」，「神経症的傾向」，および「精神病的傾向」の3因子である。さらに，彼の業績の一つとして，神経症を中心とする治療法に「行動療法」を適用したことがあげられる。

クルンボルツ
Krumboltz, J. D.

　米国の心理学者クルンボルツは，初めは来談者中心療法の立場で訓練を受けたが，後に学習理論，とくにスキナーのオペラント条件づけの理論に影響を受け，それらをカウンセリングの理論に応用し，行動カウンセリングによるアプローチの道を開いた。その後，彼は認知・行動論的な立場から，キャリア形成の新しいモデルを唱えている。

レスポンデント条件づけ（古典的条件づけ）
respondent conditioning

　これはパヴロフがイヌを使って実験した唾液分泌の条件づけである。彼は唾液分泌を外から観察できるようにしたイヌに，メトロノームを鳴らした直後に肉片を口に入れた。この肉片に対して自然な反射（無条件反射）としての唾液分泌が生じるが，こうした一連の手続きを繰り返すと，やがてイヌはメトロノームの音を聞いただけで唾液を分泌するようになる。このような場合に生じる反射は，経験を通じて条件づけられたという意味で，**条件反射**とよばれている。今日では，この型の条件反射は**レスポンデント条件づけ（古典的条件づけ）**と名づけられて，学習の基本様式として位置づけられている。

オペラント条件づけ
operant conditioning

　オペラント条件づけは，米国のスキナー（Skinner, B. F.）によって研究されてきた。スキナーの実験には，スキナー箱がよく用いられた。この箱は，バーを押すと餌が自動的に出るようになっており，そこに空腹のネズミを入れる。ネズミは最初，種々の探索行動をしてい

るが，たまたまバーを押し下げると，餌が出てきて，それを食べることができる。これが強化（報酬）となって，ネズミは餌を食べるためにバーを押し下げるようになる。ここでは，ネズミのバー押し反応は餌を得るための道具・手段となることからオペラント（操作的）条件づけ，あるいは道具的条件づけとよばれる。

この例では，餌を与えることが強化（報酬）の働きをしていたが，強化は食物のように生理的な欲求を満たすものだけとは限らない。とくに，人間の場合にはさまざまなものが強化の働きをしている。

系統的脱感作法
systematic desensitization method

系統的脱感作法は行動療法の代表的な技法である。系統的とは「順を追って」「段階的に」という意味であり，脱感作とは「敏感でなくなる」「不安でなくなる」という意味である。ウォルピは，最初に不安刺激をクライエントに少し与え，それから段階的に刺激量を増大するという，脱感作の原理と逆制止の原理を組み合わせた技法を構成し，これを**系統的脱感作**と名づけた。この方法は，不安や恐怖などの情動反応を主たる症状とする不適応行動の改善にとくに有効である。

脱条件づけ
deconditioning

条件づけられた反応を消滅させ消去することで，解条件づけともよばれている。行動療法では，不適応行動を除去する方法として用いられる。代表的な技法として，逆制止法，拮抗条件づけなどがある。たとえば，不安を引き起こす刺激に対してリラックス反応を条件づけるというものである。

主張訓練法
assertion training

　主張訓練法は，対人関係の中で，当然してもよい主張ができず，常に自分を抑えることでしか問題に取り組むことができないクライエントに対する訓練である。主張訓練法は，対人関係における不満，緊張を主な治療対象とするものであるから，その方法も現実の不満場面に類似した場面を設定し，その中に問題となる対人関係を構成してクライエントに新しい主張反応を経験させる。これは役割演技法（ロール・プレイング）とよばれるもので，この役割演技法においては，実際の主張反応や主張行動を相談室において表現してみるという，いわゆる行動リハーサル法が取り入れられている。

嫌悪療法
aversion therapy

　嫌悪療法は，不適切な行動や症状を苦痛で不快な体験と何度も結びつけることによって，不適切な行動や症状を低減させたり消失させたりする方法である。このために用いられる嫌悪刺激には嘔吐剤，薬物，写真などの他に嫌悪的イメージを用いる方法もある。嫌悪療法は，喫煙，飲酒，麻薬などの依存症や性的異常行動，強迫行為などの治療に有効である。

強化法
reinforcement

　強化法とは，望ましい行動に対して積極的に報酬（正の強化子）を与えていく方法である。使用される強化刺激（強化子）としては，子どもの場合にはお菓子，おもちゃ，言語的なものとして称賛，承認などがある。言語強化では，カウンセリングの中でクライエントの行動目標に向かう望ましい表現とは何かに注目する。そして，このクライエントの望ましい表現を積極的に話題として取り上げ，その方向に話合いを進めることが大切である。この点で，是認，再保証，情報の提供も強化として十分に機能を果たす。

トークン・エコノミー法
token economy system

　エイロン（Ayllon, T.）とアズリン（Azrin, N.）は，特定の条件のもとで，ある課題を正しく遂行できた場合には，与える報酬または賞として代用貨幣，つまり金券を用いた。彼らはこの金券を**トークン**（token）といい，このトークンを流通させて報酬学習を行わせる方式を**トークン・エコノミー法**と命名した。使用されるトークンは，金券に限らず，シールや色紙，ポーカーチップ，点数カードなどさまざまであるが，望ましい反応が起こった直後に言語強化（たとえばほめる）と併せてトークンを与える。カードはたとえば1枚に20程度の空欄があり，サインやマークで埋めていく。トークンやカードは，一定数になると品物と交換する。品物は何にするかは，事前にクライエントと話し合って決めておく。

消去法
extinction

　消去法は，クライエントの望ましくない行動に対して，消去刺激（罰）を与える方法である。ただし，一般的に強すぎる消去刺激は問題をともなう可能性もあるので用いないほうがよい。消去刺激としては，児童の場合では，たとえばプレイ・ルームの明るさを暗くするという程度のことである。消去は特定の行動傾向を減少させるために，不快刺激を与えることであるが，消去刺激を何にするかは慎重に考慮する必要がある。

思考停止法
thought stopping

　思考停止法は，クライエントの中で起こっている思考や観念を停止させて，不安や恐怖を緩和させたり制止させたりする方法である。まず，クライエントに目を閉じさせ，いつも頭にこびりついていて離れない不安や恐怖（強迫観念）を次々と言葉に表して話させる。そこでカウンセラーは，話の途中で突然「ストップ」と声をかける。次に，「あなたが今まで頭の中で考えていたことが今消えてしまったでしょう。消えましたね」と念を押して確かめる。つまり，思考や観念の進行や不安の発生が一時中断されたことをクライエントに確認させる。これを何度も繰り返して，十分にこの方法を慣れさせた後に，この方法をクライエント自身に行わせる。この方法をクライエントが反復することによって，クライエントは自分の内部にある不安や恐怖を緩和し，解消することができる。

シェーピング法
shaping

　シェーピング法は一定の目標行動に至るまでの行動を順次遂行させて強化し，最終的に目標行動を獲得させる方法である。つまり，反応を段階的に学習していくことによって，目標となる新しい適応行動を形成していく方法である。言い換えれば，目標とする行動に近いより簡単な行動を学習させて，それが確実に学習されたら，次の目標とする行動にさらに近い行動を学習させて，少しずつ，目標とする行動の学習に近づけていく。この方法は，さまざまな習慣の獲得や不登校児のカウンセリングなどに適応され，その効果がみとめられている。

自己効力感
self efficacy

　バンデュラが提唱した概念で，自分が，ある具体的な状況において，自分がとった行動が成功をもたらすと予測したり，確信したりすること。彼はクライエントの自己効力感の程度が心理療法の効果に影響を与えるとした。そして，自己効力感を高める要因として成功体験，他者の成功体験の観察，自己の生理的要因などをあげている。

モデリング法
modeling

　人は自分で経験しなくても自分以外の人々の行動や，行動の結果の観察によって，新しい行動を獲得したり，反応パターンを変えたりすることが可能である。この方法を**モデリング法**という。モデルの提示の方法は，実際の人物やグループのモデルによる方法，映像，音声，本などによる方法がとられている。モデリング法の例としては，イヌを

怖がる子どもに，仲間の子どもがイヌを抱いて楽しんでいる様子を見せると，少しずつ慣れていくことができるといったものである。

フラッディング
flooding

　行動療法の技法で，恐怖症の治療に用いられる。広場恐怖症のクライエントを広場に連れて行ったり，車に乗るのを怖がる人を強制的に車に乗せたりするなど，恐怖を引き起こす場面にあえて直面させ，慣れさせていく方法である。初めは，イメージを用いて実施することが重要である。この方法は，危険な面をもつので慎重に実施されるべきである。

不安階層表
anxiety hierarchy list

　不安階層表は，系統的脱感作法をクライエントに適用するとき，クライエントの問題に対応して，クライエントがもっとも不安を感じるのはどんな場面か，感じないのはどんな場面かを両極に設定し，その間をいくつかの段階に分ける。不安の段階は，不安が低い状態から高い状態へと配列される。系統的脱感作法の有効性のかなりの部分は，この不安階層表に負っている。

自律訓練法
autogenic training

　ドイツのシュルツ（Schultz, J. H.）が創始し，発展させたセルフ・コントロールによる心身弛緩法である。**自律訓練法**には，基本となる標準練習とその上級レベルとして特殊練習がある。標準練習の公式は，①安静練習，②四肢重感練習，③四肢温感練習，④心臓調整練習，⑤呼吸調整練習，⑥腹部温感練習，⑦額部涼感練習の7段階からなる。また特殊練習は，標準練習によって得られた心身の変化，たとえば，被暗示性の亢進，イメージの出やすさ，カタルシスの起こりやすさなどの特徴をさらに治療的に利用するために作られた技法である。

セルフ・モニタリング
self monitoring

　自分の行いや考え，感情を自分で観察記録することで，周囲の状況とのかかわりで，どの程度それが適切であるかという自分の評価をいう。

C. 確認問題

問題（3—1）

次の用語の中で，行動療法に関連するものはどれか．

(1) パーソン・センタード・アプローチ

(2) 系統的脱感作法

(3) 消去法

(4) モデリング法

(5) 徹底操作

[解答欄]

解答

(1) クライエント中心カウンセリングの用語である
(2) 正解
(3) 正解
(4) 正解
(5) 精神分析の用語である

問題（3―2）

次の文章の中で，誤っているものはどれか。

（1）シェーピングは目的とする行動に近い，より簡単な行動を強化することから始めて，次の目的行動に近い行動を強化するというように少しずつ目的とする，行動の学習に近づけていく方法をいう。

（2）フラッディングは恐怖症の治療に用いられる行動療法の一技法で，車に乗るのを怖がる人を強制的に車に乗せたりして，恐怖を引き起こす場面を体験させ，慣れさせていく方法である。

（3）オペラント条件づけはパヴロフがイヌを使って実験した唾液分泌の条件づけである。

（4）自律訓練法はアイゼンクが創始し，発展させたセルフ・コントロールによる心身弛緩法である。

（5）消去法は，積極的に報酬を与えることで，クライエントの問題行動を矯正することである。

[解答欄]

解答

（1）正解
（2）正解
（3）誤っている……レスポンデント条件づけである
（4）誤っている……シュルツが創始した
（5）誤っている……強化法である

3　行動療法（行動カウンセリング，認知行動療法）

問題（3—3）

次の文章で説明している用語を下の中から選びなさい。

(1) アイゼンクの学習理論にもとづく心理療法で，神経症などの症状は学習された行動と考え，条件づけなどの方法で行動の変容をはかっていく。　　　　　　　　　　　　　　　　　　[　]

(2) 自分も相手も大切にする自己表現，対人関係のもち方を訓練する技法をいう。　　　　　　　　　　　　　　　　　　[　]

(3) モデルになるものの行動を観察させることによって，新しい行動パターンを学習させたり，行動変容を起こさせたりすること。
　　　　　　　　　　　　　　　　　　　　　　　　　　[　]

(4) 自分が，ある具体的な状況において，自分がとった行動が，成功をもたらすと予測したり，確信したりすること。　　　　[　]

(5) 自分の行いや考え，感情を自分で観察することで，周囲の状況とのかかわりで，どの程度それが適切であるかという自分の評価をいう。
　　　　　　　　　　　　　　　　　　　　　　　　　　[　]

　　（A）セルフ・モニタリング
　　（B）行動療法
　　（C）自己主張訓練
　　（D）自己効力感
　　（E）モデリング

解答

(1) (B) 行動療法
(2) (C) 自己主張訓練
(3) (E) モデリング
(4) (D) 自己効力感
(5) (A) セルフ・モニタリング

問題（3—4）

次の中で，認知行動療法に関連するものはどれか。

（1）思考停止法

（2）構造分析

（3）開かれた質問

（4）現実検証

（5）セルフ・モニタリング

[解答欄]

解答

(1) 正解
(2) 交流分析に関する用語である
(3) マイクロカウンセリングに関する用語である
(4) 正解
(5) 正解

問題（3—5）

次の用語について，それぞれ200字前後で説明しなさい。

（1）オペラント条件づけ

（2）主張訓練法

（3）嫌悪療法

C. 確認問題　　　　　　　　　　89

解答

（1）バーを押すと餌が自動的に出てくる箱に空腹のネズミを入れると，ネズミは最初，いろいろな探索行動をしているが，たまたまバーを押し下げると，餌が出てきて，それを食べることができる。これが強化（報酬）となって，ネズミは餌を食べるためにバーを押し下げるようになる。ここでは，ネズミのバー押し反応は餌を得るための道具・手段となることからオペラント（操作的）条件づけ，あるいは道具的条件づけとよばれる。

（2）主張訓練法は，対人関係の中で，当然してもよい主張ができず，常に自分を抑えることでしか問題に取り組むことができないクライエントに対する訓練である。主張訓練法は，対人関係における不満，緊張を主な治療対象とするものであるから，その方法も現実の不満場面に類似した場面を設定し，その中に問題となる対人関係を構成してクライエントに新しい主張反応を経験させる。

（3）嫌悪療法は，不適切な行動や症状を苦痛で不快な体験と何度も結びつけることによって，不適切な行動や症状を低減させたり消失させたりする方法である。このために用いられる嫌悪刺激には嘔吐剤，薬物，写真などの他に嫌悪的イメージを用いる方法もある。嫌悪療法は，喫煙，飲酒，麻薬などの依存症や性的異常行動，強迫行為などの治療に有効である。

その他の理論と技法（交流分析，マイクロカウンセリング）

4

A. 概　　要

1．交流分析

　交流分析（Transactional Analysis）はTAと略称され，1950年代の半ば頃，米国の精神科医バーン（Berne, E.）によって創始された。わが国でも1970年代に入ってから導入され，医療，教育，産業の各分野で広く活用され今日に至っている。

　交流分析は人間行動を理解するための方法で，人は自己への気づきを得るとき，自分の感情を表現し，自分で考え，自分で決断することができるという原理に基づいている。

　バーンは交流分析のねらいを「自律性を達成すること」といっている。それは「自分自身が，本来もっている能力に気づき，その能力の発揮を妨げているさまざまな要因を取り除いて，本当の自分の能力の可能性を実現して生きること」であると考えた。

　このねらいを達成するために，自己理解（気づき），自発性，親密さという3つの能力を高めることが必要であるといっている。

　交流分析は自己を分析する方法として，①構造分析，②やりとり分析，③ゲーム分析，④脚本分析の4つの分析を用いている。

　構造分析は人間の思考，感情，行動の一貫した特徴をとらえて，自我状態を①親の自我状態，②大人の自我状態，③子どもの自我状態の3つに分ける（詳しくはp.99～101参照）。

　やりとり分析は，上の3つの自我状態という考え方を使って，自分が他者とどのようにかかわっているのかを気づくための分析である。つまり，親，大人，子どもの自我状態と対人コミュニケーションを組み合わせ，交流のパターンを分析するものである。

　ところで，交流のパターン，つまり対人関係における基本的態度は，幼児期にどのようなストロークやディスカウント（値引き）を

A. 概　　要

受けたのかに強く影響される。ストロークとは人と人とのふれあいをいい，肯定的なストロークと否定的なストロークがある。またディスカウントとは，自分や他者の価値を認めず，自分や他者を過小評価することである。

　ゲーム分析というのは，他者とのかかわりの中で見られる一定の行動パターンに気づき，これから脱却する方法を見出すためのものである。たとえば，だれでも自分が知らず知らずのうちに繰り返してしまっているある種の行動パターンを持つことがあり，それが個人の対人関係のあり方を規定してしまっていることはよくある。そうした行動のパターンを交流分析では心理ゲームといい，無意識のうちに繰り返している心理ゲームに気づくための分析をゲーム分析という。

　脚本分析は，幼児期における親との関係の中で作られてきたそれぞれの生き方を，人生という舞台で演ずるドラマの脚本という観点から分析し，その気づきから新しい生き方を求めるものである。つまり，交流分析では，人間は一生を通して，その人なりの脚本をもち，自分の人生の舞台で，脚本に書かれている役割を演じていると考えている。この人生の脚本について，自分の脚本はどういうものか，どのようにして脚本が出来上がったのか，脚本を書き換えるにはどうしたらよいのかなどに気づいていく分析のことをいう。

　交流分析の理論は，人間関係における「親密さ」を重視しており，また自他を受容し，おたがいに肯定的なストロークを分かち合う態度をめざしている。そのため，交流分析は単にクライエントの自己理解を促進するだけでなく，同時にカウンセラー自身の自己成長にも寄与するものであるといえる。

2．マイクロカウンセリング

　マイクロカウンセリングは，1960年代後半に米国のアイビイ（Ivey, A. E.）とその共同研究者によって開発されたカウンセリングの実践とトレーニングのための体系的方式である。日本には1984年に導入された。

　アイビイは，カウンセリングには一貫して見られるパターンがあることに気づき，これを分類してそれぞれを技法と命名した。そしてその技法を大別して「基本的かかわり技法」「積極的かかわり技法」「技法の統合」の3つに分類した。

　「基本的かかわり技法」は言語および非言語を用い，クライエントの情動，思考，行動を観察，傾聴する方法である。それには，視線の合わせ方，身体言語，声の調子などのかかわり行動と，質問，励まし，言い換え，感情の反映，要約などのかかわり技法がある。

　「積極的かかわり技法」は能動的なかかわりを行いながら，クライエントの問題解決行動を促す技法である。それには，指示，教示，助言，情報提供，説明，自己開示，論理的帰結，解釈，フィードバックなどがある。

　「技法の統合」では面接を構造化し，技法を駆使して相手が問題の解決に志向するのを援助する。面接の構造化は5段階に分けられ，①ラポール，②問題は何か，③問題解決目標の設定，④目標に対するアプローチの選択，⑤実行，の順に進めていく。

　このように，マイクロカウンセリングは，カウンセリング面接をより実効あるものにするための理論的体系であり，またカウンセリングのトレーニングのための体系であるともいえよう。

　マイクロカウンセリングは近年，家族，教育現場，組織などグループにも適用され，その成果が実証されつつある。

　マイクロカウンセリングの特徴は，今までのカウンセリング理論

A. 概　要

を統合したカウンセラー・トレーニング法である。それはいろいろな理論を統合し、技法別に分類し、カウンセラーへの援助法として体系化している。また、それぞれの技法は学習が効果的に行われるように、面接過程順に並べられている。したがって、学習者は学習の進み具合を一目で知ることができる。

　マイクロカウンセリングの最終目標は、クライエントを自分の責任で人生を選択できる意図的な個人にすることである。この場合の意図的個人とは、自ら進んでいくつかの人生の選択肢が用意でき、その中からもっとも実現可能性の高い方法が選べる人間になることを意味する。

B. 用語解説

1. 交流分析

バーン
Berne, E.

　バーンはカナダに生まれ，モントリオールのマッギル大学医学部を卒業後，米国に移住した精神科医である。第2次大戦中の軍医としての体験から得た人間理解のうえでの直観と観察の重要性を基礎にユニークな理論と治療方法として交流分析を提唱した。1957年に最初の交流分析に関する論文（「TA：集団療法の新しく効果的な手法」）を発表した。これが大きな注目を集め，米国の精神療法家の間に広く紹介された。バーンは1958年から1970年に亡くなるまで，サンフランシスコで毎週セミナー（サンフランシスコ・社会精神医学セミナー）を開いて交流分析の普及に努めた。1961年には『心理療法における交流分析』を著した。そして，1964年には，国際TA協会（ITTA）を結成した。また，その年に，『人生ゲーム入門』が出版され一躍ベストセラーとなり，交流分析理論は世界中に広まっていった。

デュセイ
Dusay, J. M.

　交流分析の創始者バーンの弟子で，自我状態を構造的にとらえるよりも機能的にとらえて，自我状態の間に流れている心理的エネルギーをグラフ化することを試み，これを「エゴグラム」と名づけた。デュセイの創案したエゴグラムは，第三者が直観的に判断して作成するもので，グラフ化（棒グラフにする方法）によって，自我状態のエネルギー配分を知り，自己への気づきや診断に役立てた。そして，自分の

性格の中で変化させたいもの，新たに開発したい部分をチェックして自己理解の資料とした。デュセイは，バーンのセミナーに初期から参加し，その中でエゴグラム理論を発展させた。1973年にその功績が評価されて，エリック・バーン記念科学賞を受賞した。

人生脚本
life script

　人生脚本は，本人が気づかずに持っている人生計画で，その人の人生のドラマを決定しているものである。脚本は自分の人生はこのようになっていくであろうと自分で描き出したもので，基本的には，以下の3種類のタイプがある。

1．やればできる……自分の能力を最大限に引き出す脚本である。このような人は，建設的な脚本によって生きている。

2．どうせだめだ……人生そのものに満足せず，権威を持った人からのメッセージを自分を不幸にするように受け取り，自分はますます「だめ」になっていくと思っている。

3．どうしたらよいか分からない……同じ間違いを何度も繰り返し，いつも行き詰まっていて，自分自身の問題を他の誰かが解決してくれることを期待し，自分に対する責任を取らない人である。

やりとり分析（交流パターン分析）
transactional analysis

　これは二人の間の交流パターンを取り扱い，コミュニケーションの実際を探るものである。自分の他人に対する対応の仕方や，他人の自分へのかかわりなどについて分析する。二人の間でどのようなやりとり（交流）が行われているか，記号や図式を使って会話の分析をし，どのような対人関係かを考えていく方法である。やりとり（交流）には，相補的交流，交差的交流，裏面的交流の3つがあり，それぞれに対応したコミュニケーションの法則がある。

相補的交流（やりとり）
complementary transaction

　こちらから送ったメッセージに対して，期待通りの反応が相手から返ってくることである。スムーズな交流，良い人間関係，心のふれあいができる関係といえる。このようなやりとりである限り，会話は中断されずに続いていく。

交差的交流（やりとり）
crossed transaction

　コミュニケーションが中断され，話題が変わったり，話のやりとりが途絶える場合である。行き違いの交流，はぐらかすことや相手の言ったことに反応しない，好ましくない人間関係をつくる。交差的交流では，やりとりを始めた人が期待した反応が得られないので，自分が無視されたように感じる。

裏面的交流（やりとり）
ulterior transaction

　社交的レベル（口で言っていること）と心理的レベル（心で思っていること）に矛盾がある場合である。言葉のうえでは，建前で言っているが，本音（内心）は口に出さない裏のある交流である。

構造分析
structural analysis

　人の心の仕組みや，有り様を分析するもので，各人の行動パターンの特徴を明らかにするものである。人の心には，親の自我状態，大人の自我状態，子どもの自我状態の3つの自我状態があり，ある状況に応じて，その3つのうちの1つが主導権を握り，その人の反応として現れる。この自我状態が一体どんなものであるかを明確にすることが構造分析の目標である。

批判的な親の自我状態（CP）
critical parent ego state

　批判的な親は，理想，良心，責任，批判などの価値判断や倫理観など父親的な厳しい部分を主とするものである。しかし，社会秩序の維持能力や理想追求など肯定的な面も持っている。行動パターンとしては，ルールを守り，義務感，責任感が強く，努力家である。反面，批判的で，自分の価値観を絶対と思うところがある。

養育的な親の自我状態（NP）
nurturing parent ego state

養育的な親は，共感，思いやり，保護，受容などの子どもの成長を促進するような母親的な部分を主とするものである。他人に対して受容的で，相手の話に耳を傾けようとする。親身になって世話をし，親切な言葉をかけて相手を快適な気分にさせる。行動パターンとしては，世話好きで，奉仕精神が豊かである。反面，過度に保護，干渉し，相手を甘やかすところがある。

大人の自我状態（A）
adult ego state

大人の自我状態は，事実に基づいて物事を判断しようとする部分を主とするものである。現実を客観視し，あらゆる角度から情報を収集する。そしてそれらをもとに冷静に計算し，推定して意思決定を行い判断する。行動パターンとしては，理性的であり，合理性を尊ぶ。反面，機械的で，打算的なところがある。

自由な子どもの自我状態（FC）
free child ego state

自由な子どもは，親の影響をまったく受けていない，生まれながらの部分を主とするものである。快感を求めて天真爛漫に振る舞う。直観的な感覚や創造性の源で，豊かな表現力は周囲に温かさ，明るさを与える。行動パターンとしては，好奇心が強く，活発である。反面，自己中心的で，感情的な面がある。

順応した子どもの自我状態（AC）
adapted child ego state

　順応した子どもは，人生の早い時期に周囲の人たちの愛情を失わないために，子どもなりに身につけた処世術を持っている。親たちの期待に添うように，常に周囲に気兼ねをし，自由な感情を抑える，いわば「イイ子」である。行動パターンとしては，協調性に富み，慎重である。反面，遠慮がちで，我慢してしまうところがある。

ストローク
stroke

　交流分析では，人と人との心のふれあいを**ストローク**とよんでいる。ストロークには，肯定的ストローク（陽性のストローク）と否定的ストローク（陰性のストローク）がある。肯定的ストロークには肉体的ストローク（なでたり，抱擁したり，握手するなど），心理的ストローク（微笑んだり，うなずいたり，傾聴するなど），言葉によるストローク（ほめたり，語りかけたり，励ますなど）がある。肯定的ストロークは，相手に愛情，承認，賞賛，報酬などのように幸福感，満足感を与えるものである。否定的ストロークには，肉体的ストローク（殴る，蹴る，その他の暴力行為），心理的ストローク（返事をしない，にらみつける，信頼しないなど），言葉によるストローク（非難する，責める，悪口を言うなど）がある。また，ストロークの形態には，無条件のストロークと条件つきのストロークがある。無条件の肯定的ストロークは，相手の存在を全面的に受け容れる愛情のこもったストロークである。それに対して，無条件の否定的ストロークは，相手の存在を根本から否定するものである。条件つきのストロークは相手の行動への評価である。できた場合のほめ言葉などが，条件つきの肯定的ストロー

クであり，できなかったときに叱ったりすることが，条件つきの否定的ストロークである。

ゲーム分析
game analysis

交流分析では，対人交流の中でトラブルとなってしまう，こじれた人間関係を**ゲーム**とよぶ。バーンは，「ゲームは人間の行動の中で予測可能で定型化し，一般に破壊的な結末で終わるもの」と定義した。バーンは同じようなトラブルを何回となく繰り返す交流パターンを調べ，錯綜した人間関係を追究した。その結果，ゲームは次のような公式に従って進んでいくと考えた。

【公式】

　　仕掛け人＋弱者（カモ）－反応－入れ替え－混乱－結末

対人関係の中で誰もが苦労するのがゲームである。しかし，そのゲームの原因は自分自身の生き方，心の有り様からくる。その点で，ゲームは自己分析の核心に触れる問題である。

ディスカウント（値引き）
discount

生活の場，職場あるいは会議などの現実の場で，自分や他人のある側面を軽視したり，過小評価する心理的機能をいう。たとえば，自分がいかに消極的であるかということを他人にあえて言う人がいるが，そういう人は自分を値引きしていることになる。また，ある種の「皮肉」や「からかい」も他人に対する値引きであることが多い。親が幼

児の気持ちや欲求を値引いて育てると健全な発達が妨げられる。一般に，値引きは言う人も言われる人も気づかないことが多い。

エゴグラム
egogram

交流分析の下位概念で，自我状態の出現頻度を棒グラフにして示す方法で，デュセイが創案した。自我状態は［親］（P），［大人］（A），［子ども］（C）の自我状態からなるが，それぞれの機能を細分化して，「批判的親」「養育的親」「大人」「自由な子ども」「順応的な子ども」の5つに分類される。エゴグラムはパーソナリティの測定法として使用する場合と，心理療法の一つとして使用する場合がある。

機能分析
functional analysis

われわれが感じたり考えたり，あるいは行動するときのもとになる心の状態（自我状態）は，親の心，大人の心，子どもの心の3つに分けられる。これらの3つの心が生活の中で，どのように働くかをみるのが**機能分析**である。3つの心は働きのうえで次の5つの機能となる。

1．支配的な親の自我状態
2．養育的な親の自我状態
3．大人の自我状態
4．自由な子どもの自我状態
5．順応した子どもの自我状態

それぞれの機能には，生活をしていくうえで，プラスの面とマイナスの面とがある。5つの自我状態が調和して，その人の全体性，人間らしさが形成される。

シナリオ分析（脚本分析）
script analysis

　交流分析では人生を一つのドラマとしてとらえ，そのシナリオは人生の早い時期に主に親子関係によって作られると考えている。そこで，**シナリオ分析**ではシナリオ（無意識の人生計画）を分析することになる。そのため，シナリオが建設的であるか，非建設的であるかがもっとも重要なこととなる。人々はそれぞれに人生のシナリオに関係のある次のような基本的な問いかけをもっている。①自分とは一体何なのか，②どのようにして自分がこのような立場をとるようになったのか，③自分は人生において，どの方向へ進もうとしているのか。そして，この点を十分に調べ，もしシナリオが非建設的であれば，それを実現可能で建設的なシナリオに書き換えることが，究極の目標となる。そのため，「シナリオ・チェック・リスト」を用いて，生育歴を丹念に調べ，親との交流を通して親から発信された禁止令を書き換える方法がとられる。

ラケット
racket

　人々は幼児期に両親や他の大人たちから，身体的，言語的，非言語的な多くのメッセージを受け取り，それらをもとに自分の人生脚本を描いてきている。その中でも，まわりの人々から受け取った否定的なメッセージによって，現在の行動様式に強く影響している，慢性化した不快な感情がある。これを交流分析では**ラケット**とよんでいる。ラケットは幼児期に身につけ，現在の行動様式を支配している感情である。

時間の構造化
time-structuring

　1日の時間をどのように使っているかの分析を**時間の構造化**という。バーンは，人は次のような6つの方法で時間を構造化すると述べている。

1. 引きこもり（閉鎖）

　他人から遠ざかり，夢，空想，想像の中で時間を過ごすこと。自閉的で，人との交流が少ないので，傷つくことはない。

2. 儀礼（儀式）

　あいさつ，行事，儀式など伝統や慣習に従って時間を過ごすこと。型通りのことをしていればよく，他人と深くかかわることもないので，安心した時間の過ごし方といえる。

3. 活　　動

　仕事，家事，勉強など日常従事しているさまざまなことをして時間を過ごすこと。人と一緒に仕事上の問題解決に向かったり，世話をしてあげることで，頼りにされたりする。

4. 雑　　談

　天気，うわさ，育児など無難な話題で雑談したりして過ごすこと。多忙な人には非生産的かもしれないが，人間らしい交流のやすらぎを求めている人にとっては，有益な過ごし方ともいえる。

5. ゲ－ム

　いつも同じパターンの夫婦げんかなど非生産的な交流で時間を過ごすこと。特定の人との直接的な交流であるが，信頼と愛情の基本的な裏づけがないので，マイナスの交流となってしまう。

6. 親　　交

　信頼しあい，親しい交流をしながら時間を過ごすこと。相手を操作

106　4　その他の理論と技法（交流分析，マイクロカウンセリング）

したりしないので，自発的な交流が多くあらわれ，理想的な時間の構造化といえる。

基本的構え（人生の基本的立場）
basic life position

　自分と他人との関係において，その人が基本的にもっている構え，態度をいう。この構えは，幼児期の親子関係の中で決定されることが多く，次の4つの型に分類される。

1. **自己肯定・他者肯定**（私はOKである。あなたもOKである）
　　……人間尊重，協力関係，自己実現。
2. **自己否定・他者肯定**（私はOKでない。あなたはOKである）
　　……自己軽視，対人恐怖，コンプレックス。
3. **自己肯定・他者否定**（私はOKである。あなたはOKでない）
　　……自己愛，野心家，独善。
4. **自己否定・他者否定**（私はOKでない。あなたもOKでない）
　　……不信感，虚無主義，絶望。

B. 用語解説

2. マイクロカウンセリング

アイビイ
Ivey, A. E.

　アイビイは1933年米国のシアトル郊外に生まれた。スタンフォード大学で心理学を専攻し，ハーバード大学大学院でカウンセリング・ガイダンス心理学を専攻した。その後，コロラド州立大学，ボストン大学で実践と研究を重ね，1988年にマサチューセッツ州立大学教育学部の教授となった。

　1960年代後半に，実践と研究の成果から，マイクロカウンセリングを開発した。また後に開発した発達心理療法と多重文化カウンセリングは，カウンセリングと心理療法を志す人々に大きな教育的意義をもたらした。この間，長年の研究成果をもとに，国内外においてマイクロカウンセリングの理論と実践の普及に努めた。

　1979年に，米国心理学会・カウンセリング部会の会長となり，1985年には日本学生相談学会の招きで来日した。

質問技法
questioning

　面接の話題を広げ，問題点を掘り下げ，しかもクライエントとのリレーション（関係）をつくるために，マイクロカウンセリングにおいて**質問技法**は重要な面接技法の一つである。

　質問技法には，閉ざされた質問と開かれた質問がある。閉ざされた質問とは，「はい」「いいえ」で答えられる質問であり，開かれた質問とは，「～は何ですか？」「～はどうですか？」などクライエントに自

分の言葉で詳しく語らせる聞き方である。

感情の反映技法
reflection of feeling

　人々の言動の背後には常にその人の感情や情緒が隠されている。問題の解決に当たって，このようなものが不明確だったり，入り組んでいたりすると，クライエントは行動を起こすことができない。そこで，それらの感情や情緒をクライエント自らが明らかにできるように援助することが必要となる。

　感情の反映技法は，カウンセラーがクライエントの感情を受けとめ，それをクライエントに伝えて，それが正しかったかどうかをクライエントに確かめることをいう。たとえば，「あなたの気持ちがよくわかります」や「今，悲しい気持ちなんですね」といった応答をすることである。ある意味では，クライエントが言ったことをそのままの言葉で，あるいは別の言葉で言い換えるということである。

　カウンセラーがクライエントの発言する言葉の背後にある感情の流れに注意し，その感情をクライエントと共に味わっていることを伝えると，クライエントはカウンセラーの心の深い部分で受け止められていることに気づくのである。

マイクロ技法階層表
microskills hierarchy

　面接におけるコミュニケーションの技法習得を促す単位をアイビイが定型化した表である。諸種のカウンセリングやコミュニケーションの方法から編み出された技法は12の階層に組み立てられている。基底部には「かかわり行動」，次に「開かれた質問，閉ざされた質問」「クライエント観察技法」「はげまし，言い換え，要約」「感情の反映」などの「かかわり技法」を置き，その上に「対決」「焦点のあて方」「意味の反映」「積極技法」「技法の統合」を置いている。これらの技法の学習は必ずしもこの順番通りでなくてもよいが，「かかわり技法」が基本とされる。

マイクロ技法評価表
microskills classification

　アイビイがカウンセリングの基本的技法（質問技法，はげまし技法，言い換え技法，要約技法，焦点のあて方）の学習法として提唱したものである。これは面接のトレーニングのときにカウンセラーの一つひとつの発言が，どの技法に属するかを，研修生に分類させる評価表である。この評価表は技法の意識化に有効である。

マイクロ技法連続表
microskills continuum (interpersonal influence continuum)

　原語では「対人関係に影響を与える技法の連続表」といっているマイクロカウンセリングの中心概念の一つである。既存のカウンセリング技法を受容的なものから能動的なものまで，一直線に並べた表である。もっとも受容的なものは「はげまし技法」で，もっとも能動的なものは「対決技法」である。中間に位置するものは，「焦点のあて方」と「質問技法」である。実際の面接では，受容的な技法と能動的な技法の間を行ったり来たりしている。

意味の反映技法
reflection of meaning

　カウンセラーがクライエントの発言する言葉の背後にある人生の生きる意味や生き方などを十分に受け止めて繰り返すと，クライエントはカウンセラーが本当に自分の内面を受け止めてくれているのが理解できるのである。そこで，**意味の反映技法**では，ある出来事についてクライエントのその感情体験やクライエントにとっての意味をクライエント自身に気づかせることが大切である。

開かれた質問
open questions

　開かれた質問というのは，単に「はい」「いいえ」で答える質問ではなく，「〜とはどんなことですか？」「〜について話していただけませんか？」というように，クライエントに話の主導権を与えていく聞き方をいう。つまり，クライエントがカウンセラーの思惑を気にすることなく，本来クライエントが考えていることを，自由に表現する機会

を与えていくという特徴がある。したがって，クライエントの問題を引き出したり，感情に注意を集中させていくときなどに用いられる。

閉ざされた質問
closed questions

閉ざされた質問というのは，単に「はい」「いいえ」などで答えることができる質問形式をいう。この質問法でたずねると，クライエントが数語で答えれば会話が終わってしまうので，カウンセラーはまた次の質問をしなければならない。そのため，一度閉ざされた質問をすると，続けてカウンセラーに関心のある質問だけを聞いていく傾向になりがちである。したがって，聞く内容が偏りがちになってしまう。しかし，口の重いクライエントや必要な情報を取るときには有効である。

言い換え技法
paraphrase

言い換え技法はクライエントの話した内容を，カウンセラーが同じ言葉でクライエントに繰り返して言うことである。カウンセラーはクライエントの話の内容から，もっとも重要と思われる言葉を繰り返すことによって，それがクライエントの気持ちにぴったりしていれば，「ええ，そうなんです」という反応とともに，クライエントはそれによって自己理解と自己洞察を深めることができる。

積極技法
influencing skills

　積極技法とは，カウンセラーがクライエントにカウンセラーの影響力を与えるために用いる技法である。しかし，カウンセリングの面接過程でいきなり積極技法を用いても効果はない。積極技法を用いるためには，その前にかかわり技法を用いて信頼関係をつくっておき，影響力を与えることが円滑に進むように配慮しなければならない。さらに，積極技法を使った後も，用いた技法がどのような効果をもたらしたかを観察する段階が必要である。

　マイクロカウンセリングの中で，積極技法は次の7種類である。

1. 指示技法
　クライエントにカウンセラーはどういう行動をとってもらいたいのか直接指示すること。

2. 論理的帰結法
　クライエントの行動によって起こりうる結果を，良い悪いにかかわらず伝えること。

3. 解釈法
　クライエントが行っている言動を客観的に見つめるとどう見えるか，カウンセラーの角度からの見解を述べる。

4. フィードバック
　クライエントの周囲の人は気づいていて，クライエントには分かっていない事柄を客観的な立場から伝えていく。

5. 自己開示
　カウンセラーから見るとクライエントがどう見えるか率直な感想を述べたり，必要に応じてカウンセラーの体験を述べたりする。

6. 情報提供

クライエントに不足している情報を伝え，問題解決に役立てる。
7. 積極的要約
　カウンセラーが今まで述べてきた自分の発言内容を整理し，もう一度述べる。

基本的傾聴技法
basic listening skills

　基本的傾聴技法というのは，基本的かかわり技法の中での，開かれた質問，閉ざされた質問，はげまし，言い換え，感情の反映，要約の6つの技法をいう。これらの技法は，いずれもカウンセラーがクライエントの経験している世界を理解し，クライエントの側からみた問題点を感じ取るのに有効な方法である。そのため，これらの技法は面接の初めの部分にも，また積極技法を用いる前にも非常に有効な方法である。

基本的かかわり技法
basic attending skills

　基本的かかわり技法というのは，マイクロカウンセリングの技法の中での，「かかわり行動」「クライエントの観察技法」「開かれた質問」「閉ざされた質問」「励まし技法」「言い換え技法」「要約」「感情の反射」「意味の反映」の9つの技法をいう。これらの技法は，いずれもクライエントと面接を始めて，その問題を理解していくうえで，必要な技法である。
　これらの基本的技法に加えて，「焦点のあて方」「積極技法」「対決技法」を合わせると，アイビイのマイクロカウンセリングの全体の技法を学ぶことになる。

対決技法
confrontation

　マイクロカウンセリングでは，クライエントの言動の矛盾を指摘する技法である。マイクロ技法階層表の中でもっとも上位に位置するのが，この対決技法である。つまり，基本的かかわり技法，焦点のあて方，積極技法と順を追って学んだ後，これらの今までに学んだ諸技法を対決技法と組み合わせることにより，クライエントに問題の核心をもう一度考えさせる方法である。つまり，対決技法はクライエントの内面での葛藤，矛盾，混乱に対決させることをいう。

はげまし技法
encouraging

　「受容」「単語の繰り返し」「促し」の3つを総称した技法である。そのねらいはクライエントの自己表現を促進させることにある。この技法はクライエントの話を傾聴していることを伝えるために，非言語的なうなずく動作や「ええ」「はい」など言語的反応を示す受容，そしてクライエントの話の中の鍵になる言葉，たとえばクライエントが「困っている」と言えば，カウンセラーが「困っている？」といった具合に，繰り返すこと，さらに，話を促進させるために「それで？」「たとえば？」と促す技法の3つの技法からなっている。

技法の統合
skill integration

　マイクロ技法の階層表の最上部に示されているのがこの「**技法の統合**」であり，マイクロカウンセリングを学ぶ者の目標である。これは「かかわり技法」と「積極技法」を面接の流れの中で結合させる技法で

B. 用語解説

ある。
　次の例は，ある面接における技法の統合例である。
第1段階……ラポール。
第2段階……問題の定義（何が問題なのか）。
第3段階……理想的な結果（目標）の設定。
第4段階……矛盾との対決――選択肢を引き出す。

4 その他の理論と技法（交流分析，マイクロカウンセリング）

C. 確認問題

問題（4－1）

次の用語の中で交流分析に関するものを選びなさい。

（1）人生脚本

（2）基本的傾聴技法

（3）ストローク

（4）閉ざされた質問

（5）エゴグラム

［解答欄］

解答

(1) 正解
(2) マイクロカウンセリングに関する用語である
(3) 正解
(4) マイクロカウンセリングに関する用語である
(5) 正解

問題（4—2）

次の用語の中でマイクロカウンセリングに関するものを選びなさい。

（1）意味の反映技法

（2）時間の構造化

（3）アイビイ

（4）基本的かかわり技法

（5）ディスカウント

［解答欄］

解答

（1）正解
（2）交流分析に関する用語である
（3）正解
（4）正解
（5）交流分析に関する用語である

問題（4—3）

次の理論について，それぞれ400字前後で説明しなさい。

（1）交流分析

（2）マイクロカウンセリング

解答

(1) 交流分析

　交流分析は人間行動を理解するための方法で，人は自己への気づきをうるとき，自分の感情を表現し，自分で考え，自分で決断することができるという原理に基づいている。

　交流分析は自己を分析する方法として，①構造分析，②やりとり分析，③ゲーム分析，④脚本分析の4つの分析方法を用いている。

　構造分析は人間の思考，感情，行動の一貫した特徴をとらえて，自我状態を①親の自我状態，②大人の自我状態，③子どもの自我状態の3つに分ける。

　やりとり分析は，上の3つの自我状態という考え方を使って，自分が他者とどのようにかかわっているのかを気づくための分析である。

　ゲーム分析は，他者とのかかわりの中で見られる一定の行動パターンに気づき，これから脱却する方法を見出すためのものである。

　最後の脚本分析は，幼児期における親との関係の中で作られてきたそれぞれの生き方を，人生という舞台で演ずるドラマの脚本という観点から分析し，その気づきから新しい生き方を求めるものである。

(2) マイクロカウンセリング

　マイクロカウンセリングは，アイビイとその共同研究者によって開発されたカウンセリングの実践とトレーニングのための体系的方式である。

　アイビイは，カウンセリングには一貫して見られるパターンがあることに気づき，これを分類してそれぞれを技法と命名した。そしてその技法を大別して「基本的かかわり技法」「積極的かかわり技法」「技法の統合」の3つに分類した。

「基本的かかわり技法」は言語および非言語を用い，クライエントの情動，思考，行動を観察，傾聴する技法である。それには，視線の合わせ方，身体言語，声の調子などのかかわり行動と，質問，はげまし，言い換え，感情の反映，要約などのかかわり技法がある。

「積極的かかわり技法」は能動的なかかわりを行いながら，クライエントの問題解決行動を促す技法である。それには，指示，教示，助言，情報提供，説明，自己開示，論理的帰結，解釈，フィードバックなどがある。

「技法の統合」では，面接を構造化し，技法を駆使して相手が問題の解決に志向するのを援助する。面接の構造化は5段階に分けられ，①ラポール，②問題は何か，③問題解決目標の設定，④目標に対するアプローチの選択，⑤実行，の順に進めていく。

練習問題

基本問題

問題1

次の用語の中で，クライエント中心カウンセリングに関連するものはどれか。

(1) CSP（人間研究センター）

(2) 解釈

(3) パーソナリティ変容の必要にして十分な条件

(4) 基本的構え

(5) ロジャーズ

[解答欄]

解答

(1) 正解
(2) 精神分析に関する用語である
(3) 正解
(4) 交流分析に関する用語である
(5) 正解

問題2

次の用語の中で，精神分析療法に関連するものはどれか。

(1) 劣等コンプレックス

(2) 作業同盟

(3) 受容

(4) 快楽原則

(5) クルンボルツ

[解答欄]

解答

(1) 正解
(2) 正解
(3) クライエント中心カウンセリングに関する用語である
(4) 正解
(5) 行動療法に関する用語である

問題3

次の用語の中で，行動療法に関連するものはどれか。

（1）ウォルピ

（2）過程概念

（3）意味の反映技法

（4）レスポンデント条件づけ

（5）系統的脱感作法

［解答欄］

解答
（1）正解
（2）クライエント中心カウンセリングに関する用語である
（3）マイクロカウンセリングに関する用語である
（4）正解
（5）正解

問題4

次の用語の中で，交流分析に関連するものはどれか。

(1) バーン

(2) 性格形成論

(3) ゲーム分析

(4) 交差的交流

(5) 不安階層表

[解答欄]

解答

(1) 正解
(2) 精神分析に関する用語である
(3) 正解
(4) 正解
(5) 行動療法に関する用語である

問題5

次の用語の中で，マイクロカウンセリングに関連するものはどれか。

（1）閉ざされた質問

（2）アイビイ

（3）基本的かかわり技法

（4）反動形成

（5）シェーピング法

[解答欄]

解答

(1) 正解
(2) 正解
(3) 正解
(4) 精神分析に関する用語である
(5) 行動療法に関する用語である

発展問題

問題1

> 次の用語について，簡単に述べなさい。

（1）パーソン・センタード・アプローチ

（2）十分に機能する人間

（3）繰り返し

（4）自己理解

（5）要約

解答

（1）ロジャーズの提唱したアプローチで人間中心のアプローチである。このアプローチの目的は，一人ひとりの人間の個別性，独自性を尊重しながら，積極的に対人関係を深めていくことにある。

（2）十分に機能する人間の特徴は，次のようなものである。

①すべての経験をありのままに，はっきりと感じ取るこることができる。

②自己概念と経験とが一致している。

③選択，決定，価値判断の根拠，基準が自分自身の中に基礎を置いていることに気づいている。

④新しい状況に対して，独特の創造的な順応ができる。

⑤自分が正しいと思ったことが，十分に信頼に値する指針となることに気づいている。

⑥他者と調和を保って，生活を送ることができる。

（3）クライエントが表明し，伝達したことの内容をクライエントの言葉を使って，カウンセラーが繰り返して言うことである。これによって，カウンセラーがクライエントに対して積極的に傾聴し，共感的に理解している姿勢であることを感じさせることができる。

（4）個人のパーソナリティや行動を理解するには，その人独自の内的な世界を理解する必要があること，さらに，人間は自己を成長させ，自己実現へと向かう力を内在している存在であるということ，これが自己理論の根本的な考え方である。

（5）クライエントの話の段落，あるいは面接の最後に，カウンセラーがクライエントの話の趣旨をまとめて伝え返すことである。これは広範囲にわたる話の「事柄への応答」あるいは「意味への応答」に相当するものである。

問題2

次の用語について，簡単に述べなさい。

（1）口唇期

（2）退行コンプレックス

（3）投射

（4）カタルシス

（5）抵抗分析

解答

（1）生後1歳半ぐらいまでの乳児期にあたり，この時期では乳を吸う活動を通して，口唇粘膜の快感を楽しむ。乳児が母親にまったく依存しているため，母親が子どもとどのような関係を作るか，つまり母子関係のあり方によって，性格の基礎となる安心感や信頼感の有無が決定される。

（2）現実のある発達段階から，より早期の未熟な段階に後戻りすることによって，不安を解消し，欲求の満足を得ようとするコンプレックスである。

（3）自分の持っている社会的に望ましくない感情を相手のほうが持っていることにして，責任を転嫁する防衛機制である。被害妄想は投射のもっとも進んだ形である。

（4）無意識下に抑圧されていた，過去の苦痛体験を言語や行動などを通して自由に表現することにより，心の緊張やうっ積を開放すること。

（5）クライエントは，抑圧された無意識的欲求を意識化する過程で，何らかの抵抗を示す。たとえば，黙る，拒絶する，ある話題を故意に避けるなどさまざまな形を取る。この抵抗の原因を分析し，抑圧や防衛機制のあり方を明らかにするのが抵抗分析である。

問題3

次の用語について，簡単に述べなさい。

（1）脱条件づけ

（2）強化法

（3）トークン・エコノミー法

（4）パヴロフ

（5）思考停止法

解答

（1）条件づけられた反応を消滅させ消去することで，解条件づけともよばれている。行動療法では，不適応行動を除去する方法として用いられる。代表的な技法として，逆制止法，拮抗条件づけなどがある。

（2）強化法とは，望ましい行動に対して積極的に報酬を与えていく方法である。使用される強化刺激としては，子どもの場合には，お菓子，おもちゃ，言語的なものとして称賛，承認などがある。

（3）ある課題を正しく遂行できた場合に，与える報酬または賞として代用貨幣つまり金券を用いる。この金券をトークンといい，このトークンを流通させて報酬学習を行わせる方式をトークン・エコノミー法という。

（4）ロシアの生理学者で，消化生理の研究の一環として，イヌの唾液腺の分泌を観察している際に発見された条件反射の研究で有名である。彼は食物を運ぶ靴の音からもイヌが唾液を出すことを見出し，これをメトロノームで確かめ，条件反射学の基礎をつくった研究者である。

（5）思考停止法は，クライエントの中で起こっている思考や観念を停止させて，不安や恐怖を緩和させたり，制止させたりする方法である。この方法をクライエントが反復することによって，クライエントは自分の内部にある不安や恐怖を緩和し，解消することができる。

問題4

次の用語について，簡単に述べなさい。

(1) ラケット

(2) シナリオ分析

(3) 養育的な親の自我状態（NP）

(4) 裏面的交流

(5) 機能分析

解答

（1）幼児期にまわりの人々から受け取った否定的なメッセージによって，現在の行動様式に影響している慢性化した不快な感情がある。これを交流分析ではラケットとよんでいる。

（2）交流分析では人生を一つのドラマとしてとらえ，そのシナリオは人生の早い時期に主に親子関係によって作られると考えている。そこで，シナリオ分析ではシナリオを分析することになる。この分析ではシナリオが建設的であるか，非建設的であるかがもっとも重要なこととなる。

（3）養育的な親は，共感，思いやり，保護，受容などの子どもの成長を促進するような，母親的な部分を主とするものである。他人に対して受容的で，相手の話に耳を傾けようとする。親身になって世話をし，親切な言葉をかけて相手を快適な気分にさせる。

（4）社交的レベル（口で言っていること）と心理的レベル（心で思っていること）に矛盾がある場合である。言葉のうえでは，建前で言っているが，本音（内心）は口に出さない裏のある交流である。

（5）われわれが感じたり考えたり，あるいは行動するときのもとになる心の状態（自我状態）は，親の心，大人の心，子どもの心の3つに分けられる。これらの3つの心が生活の中で，どのように働くかをみるのが機能分析である。

問題5

次の用語について，簡単に述べなさい。

（1）マイクロ技法階層表

（2）意味の反映技法

（3）言い換え技法

（4）積極技法

（5）マイクロ技法連続表

解答

(1) 面接におけるコミュニケーションの技法習得を促す単位を定型化した表である。12の階層に組み立てられており，基底部には「かかわり行動」，次に「開かれた質問，閉ざされた質問」「クライエント観察技法」「はげまし，言い換え，要約」「感情の反映」などの「かかわり技法」を置き，その上に「対決」「焦点のあて方」「意味の反映」「積極技法」「技法の統合」を置いている。

(2) カウンセラーがクライエントの発言する言葉を十分に受け止めて繰り返すと，クライエントは自分の内面を受け止めてくれたのが理解できる。意味の反映技法は，ある出来事についてクライエントのその感情体験やクライエントにとっての意味をカウンセラーがクライエント自身に気づかせることである。

(3) 言い換え技法はクライエントの話した内容を，カウンセラーが同じ言葉でクライエントに繰り返して言うことである。カウンセラーはクライエントの話の内容から，もっとも重要と思われる言葉を繰り返すことによって，クライエントは自己理解と自己洞察を深めることができる。

(4) マイクロカウンセリングの中で，積極技法は次の7種類である。①指示技法，②論理的帰結法，③解釈法，④フィードバック，⑤自己開示，⑥情報提供，⑦積極的要約。

(5) カウンセリング技法を受容的なものから能動的なものまで一直線に並べた表である。もっとも受容的なものは「はげまし技法」で，もっとも能動的なものは「対決技法」である。中間に位置するものは，「焦点のあて方」と「質問技法」である。

論述問題

問題1

「クライエント中心カウンセリング」について，400字前後で説明しなさい。

解答

　クライエント中心カウンセリングは，米国のカウンセリング心理学者，臨床心理学者であるロジャーズによって提唱された。ロジャーズは，当時心理療法として中心的立場にあった精神分析，指示的カウンセリング，行動主義的心理学に反論し，自らの理論と方法をうち立てた。

　ロジャーズの理論の背後にあるものは，豊かなカウンセリングの実践である。そして，この実践は既存の理論に当てはめられ，解釈されてきたものではなく，「それはうまくいくか」「それは効果的であるか」という基準でふるいにかけられ，統合されてきたものである。

　現在では，クライエント中心カウンセリングは，独自のパーソナリティ理論，カウンセリング理論を持つ体系的理論として確立しているだけでなく，他の多くのカウンセリング理論や人間関係論にロジャーズの基本的な考えが取り入れられており，カウンセリング心理学の世界に大きな影響を与えている。

問題2

「精神分析療法」について，400字前後で説明しなさい。

解答

　精神分析は，フロイト（Freud, S.）によって創始された心理療法の技法および人格理論である。

　精神分析は，技法的には自由連想を基本にして，分析，解釈という方法によって神経症を治療していく心理学的な手法である。理論的には，無意識の心理的葛藤を通して，人間の心理的な生活全般について理解を深める心理学的理論である。

　精神分析の理論は，神経症の治療から発生したので，当初は神経症の治療に用いられたが，今日では神経症患者のみならず，人格障害，境界例，躁うつ病，統合失調症などにも，幅広く適用されるようになった。

　精神分析療法の最終的な目標は，分析者（治療者）・患者の人格的ふれあいを通じて，治療者の助けを借りながら，患者が自分自身の無意識的な葛藤を洞察し，本来の自己を回復することにある。

問題3

「行動療法」について，400字前後で説明しなさい。

解答

　行動療法は，人間の行動が後天的な学習によって獲得されるという学習理論を基礎としたものである。つまり行動療法では，人間の行動が条件づけによって形成されると考えている。そこで，問題行動も，条件づけの結果形成されたものと見なされる。そのために，クライエントに対してふたたび条件づけを行う（再条件づけ）ことによって行動の変容をはかる。

　行動療法では，まずクライエントの問題を客観的かつ明確にとらえる。これは主として，受理面接（インテーク面接）を通して，クライエントの問題を具体的にとらえる。そのため，行動療法は，問題中心のカウンセリングであるといえる。

　問題が明確になった後に，カウンセリングの目標を設定する。カウンセリングの目標設定については，カウンセラーはクライエントとよく話し合いをする必要がある。この目標は，クライエントとカウンセラーが同意できるものでなくてはならない。

　目標設定に続いて，現在の問題とカウンセリングの目標との間に小段階の目標を設定するのが一般的である。つまり，カウンセリングの開始から終結までの途中の段階でのカウンセリングの目標である。

　行動療法は，一般には，段階を追って進んでいく方法，つまり一種のプログラム学習による方法であるといえる。

参考文献

國分康孝（編）（1990）．カウンセリング辞典　誠信書房
國分康孝（監修）瀧本孝雄（編集責任）（2001）．現代カウンセリング事典　金子書房
小林　司（編）（1993）．カウンセリング事典　新曜社
氏原　寛他（編）（1999）．カウンセリング辞典　ミネルヴァ書房
松原達哉他（編）（2008）．産業カウンセリング辞典　金子書房
瀧本孝雄（2006）．カウンセリングへの招待　サイエンス社
國分康孝（1980）．カウンセリングの理論　誠信書房
瀧本孝雄（1998）．新訂版　カウンセリングと心理テスト　ブレーン出版
アイビイ，A.E.　福原真知子他（訳）（1985）．マイクロカウンセリング　川島書店
瀧本孝雄（2000）．カウンセラー志望者のための基本問題集　ブレーン出版
中西信男他（1997）．精神分析的カウンセリング　ナカニシヤ出版
詫摩武俊他（2003）．性格心理学への招待［改訂版］　サイエンス社
日本学生相談学会（編）（1989）．論理療法にまなぶ　川島書店

索引

ア 行

アイゼンク（Eysenck, H. J.）　71
アイビイ（Ivey, A. E.）　94, 107, 109, 113
アズリン（Azrin, N.）　75
アドラー（Adler, A.）　53

言い換え　19
言い換え技法　111
意識　47
イド　37, 38
意味の反映技法　110
意味の明確化　16

ウォルピ（Wolpe, J.）　71, 73
裏面的交流（やりとり）　99

エイロン（Ayllon, T.）　75
エゴ　37, 38
エゴグラム　96, 103
エス　37, 38
エディプス・コンプレックス　42
エレクトラ・コンプレックス　42
エロス　38

置き換え　54
大人　100
大人の自我状態　100
オペラント条件づけ　72

カ 行

解釈　46
解釈法　112
快楽原則　48
カイン・コンプレックス　43
カウンセラーの3つの条件（態度）　13

カタルシス　55
活動　105
過程概念　11
過程研究　11
過程尺度　11
感情移入的理解　13, 15
感情の反映技法　108
感情の反射　20
感情の明確化　16
完全な受容　13
観念複合体　41

儀式　105
機能分析　103
技法の統合　94, 114
基本的かかわり技法　94, 113
基本的構え　106
基本的傾聴技法　113
逆転移　45
脚本分析　93, 104
強化法　75
共感的理解　15
去勢不安　48
儀礼　105

空想への逃避　50
クライエント中心カウンセリング　2
繰り返し　19
クルンボルツ（Krumboltz, J. D.）　72

傾聴　5
系統的脱感作　73
系統的脱感作法　71, 73
ゲーム　102, 105
ゲーム分析　93, 102
嫌悪療法　74

索引

現実原則　48
現実への逃避　49

効果研究　11
交差的交流（やりとり）　98
口唇期　39
構造分析　92, 99
行動カウンセリング　69
行動療法　68
肛門期　39
合理化　52
交流パターン分析　98
交流分析　92
古典的条件づけ　72
コンプレックス　41

サ　行
作業同盟　46
雑談　105

シェーピング法　77
ジェンドリン（Gendlin, E. T.）　4
自我　37, 38
時間の構造化　105
自己一致　10, 13
思考停止法　76
自己開示　112
自己概念　9
自己肯定・他者肯定　106
自己肯定・他者否定　106
自己効力感　77
自己受容　6
自己否定・他者肯定　106
自己否定・他者否定　106
自己理論　21
指示技法　112
実現傾向　9
質問技法　107
シナリオ分析　104

自由な子ども　100
自由な子どもの自我状態　100
十分に機能する人間　8
自由連想法　44
主張訓練法　74
受容　12
シュルツ（Schultz, J. H.）　79
純粋性　13
順応した子ども　101
順応した子どもの自我状態　101
昇華　53
浄化　55
消去法　76
条件反射　71, 72
情報提供　112
ジョーンズ（Jones, F.）　52
自律訓練法　79
親交　105
人生脚本　97
人生の基本的立場　106
心的複合体　41

スーパーエゴ　37, 38
スキナー（Skinner, B. F.）　72
ストランズ　11
ストローク　101
スペクタキュラ・コンプレックス　43

性格形成論　39
性格構造論　37
性器期　39, 41
精神分析　34
精神分析的カウンセリング　34
精神分析療法　34
積極技法　112
積極的かかわり技法　94
積極的傾聴　5
積極的要約　113
摂取　54

セルフ・モニタリング　79
前意識　47
潜伏期　39, 40

相補的交流（やりとり）　98

タ　行

ダイアナ・コンプレックス　43
対決技法　114
退行コンプレックス　44
対抗転移　45
退避　49
脱条件づけ　73
タナトス　38
男根期　39, 40

超自我　37, 38
治療同盟　46

抵抗分析　45
ディスカウント　102
徹底操作　46
デュセイ（Dusay, J. M.）　96, 103
転移　45

同一視　51
投影　51
投射　51
逃避　49
トークン　75
トークン・エコノミー法　75
閉ざされた質問　111
取り入れ　54
取り込み　54

ナ　行

人間研究センター　18
人間中心のアプローチ　7
認知行動療法　69

値引き　102

ハ　行

パーソナリティ変容の必要にして十分な
　条件　14
パーソン・センタード・アプローチ
　7
バーン（Berne, E.）　92, 96, 97, 102,
　105
パヴロフ（Pavlov, I. P.）　71, 72
はげまし技法　114
反動形成　52

引きこもり　105
非指示的カウンセリング　6
否認　55
批判的な親　99
批判的な親の自我状態　99
病気への逃避　50
開かれた質問　110
敏感で正確な共感的理解　13

ファシリテーター　18
不安階層表　78
フィードバック　112
フラッディング　78
フロイト（Freud, S.）　34, 36〜40, 42,
　45, 47〜50, 55

閉鎖　105
ベーシック・エンカウンター・グループ
　17

防衛機制　49
補償　53

マ　行

マイクロカウンセリング　94
マイクロ技法階層表　109

索　引

マイクロ技法評価表　　109
マイクロ技法連続表　　110

無意識　47
無条件の肯定的尊重　　12
無条件の肯定的配慮　　13

明確化　16

モデリング法　　77

ヤ　行

やりとり分析　　92, 98

夢分析　44
ユング（Jung, C. G.）　53

養育的な親　　100
養育的な親の自我状態　　100
要約　20
抑圧　50

ラ　行

ラケット　　104

理屈づけ　52
リビドー　48
理由づけ　52

レスポンデント条件づけ　　72
劣等コンプレックス　　44

ロジャーズ（Rogers, C. R.）　2, 3〜15, 17, 18, 21
論理的帰結法　　112

英　字

A　　100
AC　　101
CP　　99
CSP　　18
FC　　100
NP　　100
PCA　　7
TA　　92

著者紹介

瀧本　孝雄（たきもと　たかお）

1967年　学習院大学文学部哲学科（心理学コース）卒業
1969年　青山学院大学大学院文学研究科（心理学）修士課程修了
　　　　（文学修士）
現　在　獨協大学国際教養学部教授
　　　　同カウンセリング・センター・カウンセラー
　　　　聖心女子大学講師

主要編著書

『カウンセリングへの招待』（サイエンス社，2006）
『性格心理学への招待［改訂版］』（共著）（サイエンス社，2003）
『性格のタイプ』（サイエンス社，2000）
『カウンセラーのためのガイダンス』（共編著）（ブレーン出版，1997）
『カウンセラー志望者のための基本問題集』（ブレーン出版，2000）
『現代カウンセリング事典』（責任編集）（金子書房，2001）
『カウンセリング基本図書ガイドブック』（共編）（ブレーン出版，2005）

自分で学べる
カウンセリングノート

2009年4月10日　ⓒ　　　　初 版 発 行

著　者　瀧 本 孝 雄　　　発行者　木 下 敏 孝
　　　　　　　　　　　　印刷者　杉 井 康 之
　　　　　　　　　　　　製本者　小 高 祥 弘

発行所　株式会社　サイエンス社

〒151-0051　東京都渋谷区千駄ヶ谷1丁目3番25号
営　業　☎(03) 5474-8500(代)　振替00170-7-2387
編　集　☎(03) 5474-8700(代)
FAX　☎(03) 5474-8900

印刷　株式会社ディグ　製本　小高製本工業

《検印省略》

本書の内容を無断で複写複製することは，著作者および出版者の権利を侵害することがありますので，その場合にはあらかじめ小社あて許諾をお求め下さい。

サイエンス社のホームページのご案内
http://www.saiensu.co.jp
ご意見・ご要望は
jinbun@saiensu.co.jp まで

ISBN978-4-7819-1226-4

PRINTED IN JAPAN

心理測定尺度集　堀　洋道 監修

第Ⅰ巻：人間の内面を探る〈自己・個人内過程〉
山本眞理子編　B5 判 ／ 336 頁 ／ 本体 2700 円

第Ⅱ巻：人間と社会のつながりをとらえる
　　　　　〈対人関係・価値観〉
吉田富二雄編　B5 判 ／ 480 頁 ／ 本体 3600 円

第Ⅲ巻：心の健康をはかる〈適応・臨床〉
松井　豊編　B5 判 ／ 432 頁 ／ 本体 3400 円

第Ⅳ巻：子どもの発達を支える〈対人関係・適応〉
櫻井茂雄・松井　豊編　B5判 ／ 432頁 ／ 本体3200円

社会心理学，臨床心理学を中心とする心理学の領域で主にこの10年間に発表された心理尺度を精選の上多数収載し，尺度の内容だけではなく，①測定概念・対象，②作成過程，③信頼性・妥当性，④尺度の特徴，⑤採点法，⑥出典論文・関連論文についても詳しく紹介した．心理学のみならず教育，医療・看護・介護，カウンセリング，マーケティング，人事に関係する方等にも必携の書．

【第Ⅰ巻目次】自己　自我同一性の形成　一般的性格　一般的性格　ジェンダー・性役割　認知判断傾向　感情・気分　自己開示・自己呈示　心理尺度の使い方

【第Ⅱ巻目次】他者の認知・他者への好意　動機づけ・欲求　対人態度　対人関係　対人行動　集団・リーダーシップ　産業・職業ストレス　進路選択　価値観・社会的態度　ライフスタイル　信頼性と妥当性

【第Ⅲ巻目次】ストレス　適応とライフイベント　抑うつと不安　人格障害と問題行動　看護と心理　学校・教育・学習　心理尺度の作成方法

【第Ⅳ巻目次】自己　パーソナリティと感情　動機づけと学習　家族と友人　対人関係　無気力と不安　ストレス　適応　障害のある子どもと特別支援教育　子どものこころを測定するために

サイエンス社

━━━━━ 好評既刊書のご案内 ━━━━━

性格心理学への招待
［改訂版］

自分を知り他者を理解するために

詫摩武俊・瀧本孝雄・鈴木乙史・松井　豊　共著
Ａ５判・280ページ・本体2,100円（税抜き）

10年以上にわたり好評を博してきたベストセラーテキストの改訂版．近年大幅に発展した性格５因子論，相互作用論・状況論，性格の正常・異常等の項目を補足した．また，重要事項を囲み記事にまとめ，適宜挿入した．視覚的理解のためレイアウトにも配慮し，新たに２色刷とした．

〜〜〜〜〜〜〜〜〜〜〜〜〜〜〜〜〜〜〜〜〜〜〜〜〜

【主要目次】

1章　性格の定義・性格の研究史
2章　性格の諸理論
3章　性格理解の方法
4章　性格の類型論
5章　性格の特性論
6章　性格の発達
7章　人間のライフサイクル
8章　家族関係と性格
9章　人間関係と性格
10章　コミュニケーションに現れる性格
11章　適性とは何か
12章　問題行動と性格
13章　性格の正常・異常
14章　性格の適応的変化
15章　文化とパーソナリティ

━━━━━ サイエンス社 ━━━━━

━━━好評既刊書のご案内━━━

カウンセリングへの招待

瀧本孝雄 著

Ａ５判・160ページ・本体1,600円（税抜き）

本書は，カウンセリングをはじめて学ぶ人のためのテキストです．現役カウンセラーとしても活躍する著者が，豊富な知識と経験を生かし，事例をまじえながら分かりやすく解説しました．カウンセリングの定義から，パーソナリティとの関係，クライエント中心カウンセリングをはじめとする様々な技法，心理アセスメントまで，カウンセリングのエッセンスが一冊に凝縮された，おすすめの書です．

【主要目次】
1章　カウンセリングとは何か
2章　カウンセリングとパーソナリティ
3章　クライエント中心カウンセリング
4章　行動療法
5章　精神分析療法と精神分析的カウンセリング
6章　折衷的カウンセリング
7章　カウンセリングと心理アセスメント（査定）
8章　心理検査の種類と方法

━━━サイエンス社━━━